SCHILLO
VERLAG

ANNE GOLDHAMMER-MICHL

SCHNELLE GESUNDE REZEPTE FÜRS HOMEOFFICE

GLUTENFREI UND OHNE ZUCKER
FÜR ENERGIE UND GUTE LAUNE

INHALT

HERZHAFT & WARM

BASICS, DIPS, BROT

DESSERT

SÜSSE IDEEN

Hallo, ich bin Anne.

Seit Jahren beschäftige ich mich beruflich jeden Tag mit den Themen Ernährung und Kochen. Als leidenschaftliche Genießerin hätte es mich wahrlich schlechter treffen können. Nach dem Schulabschluss habe ich den Beruf der Köchin erlernt, alsdann aber eine andere berufliche Richtung eingeschlagen. Gesundheitliche Probleme – ich hatte eine chronische Migräne – haben mich dann wieder zurückgeführt zu meinen beruflichen Wurzeln. Ich habe am eigenen Leib erfahren, welch großen Einfluss das, was und wie wir essen, auf unsere Gesundheit und unser Wohlbefinden hat. Und gerade deswegen ist es mir heute ein Anliegen, anderen Menschen zu vermitteln, dass gesunde Ernährung nicht aufwendig, langweilig und geschmacksarm sein muss. Es gibt viele tolle Rezepte, die sich geschwind und einfach kochen lassen und uns zudem satt und glücklich machen.

Für alle, die Inspiration beim täglichen „Was-soll-ich-bloß-Kochen“ suchen, die nicht viel Zeit haben und dennoch nicht auf eine gesunde Ernährung verzichten möchten, habe ich hier Rezepte zusammengestellt, die sich schnell zubereiten lassen, viele Nährstoffe enthalten, sättigen und (hoffentlich nicht nur mir) schmecken.

Probiert es aus – guten Appetit!

SCHNELL KOCHEN – GUT ESSEN

Corona hat unsere Lebens- und Arbeitswelt gehörig durcheinandergewirbelt. Etliche von uns verbringen mittlerweile einen Großteil ihrer Arbeitszeit im Homeoffice; auch viele Selbstständige und Eltern mit kleinen Kindern arbeiten häufig zu Hause.

Für all diese Menschen gilt, dass sie sich nicht nur darum kümmern müssen, was vor bzw. nach der Arbeit auf den Tisch kommt, sondern auch, was sie während der Arbeitszeiten und in den Pausen essen. Schnell soll es dann gehen, sättigend soll die Mahlzeit sein und dennoch leicht und bekömmlich, damit man nicht direkt danach in ein „Essenskoma" fällt. Und dann soll es auch noch allen schmecken.

Schnelle gesunde Rezepte sind gefragt wie nie zuvor. Ich selbst bin seit jeher ein Fan von Kochanleitungen, die mit wenig Zutaten in kurzer Zeit viel Genuss versprechen, denn obwohl ich gerne koche, habe ich keine Lust stundenlang in der Küche zu stehen. So habe ich herumgetüftelt, Kochbücher gewälzt, Gerichte ausprobiert und verändert: Die besten Ideen haben es in dieses Kochbuch geschafft. Leitend war der Gedanke, dass die Rezepte in der Regel **nicht länger als 30 Minuten Zubereitungszeit** benötigen und dass dieses Zeitlimit auch für ungeübte Schnipplerinnen und Schnippler und unerfahrene Köchinnen und Köche gilt. Weil wir uns meiner Ansicht nach im Alltag zu kohlenhydratlastig ernähren und weil viele Menschen Probleme mit Gluten haben, sind diese Rezepte **glutenfrei.** Lässt man die üblichen Getreidesorten beiseite, dann ist Platz gewonnen für nährstoffreiche Alternativen wie z. B. Gemüse. Und weil alle Rezepte in diesem Buch zudem **auf Haushaltszucker verzichten** (gesüßt wird vor allem mit Obst und etwas Honig), sind sie allesamt für Kinder geeignet.

Zudem habe ich Wert darauf gelegt, dass alle Rezepte **reichlich gesunde Fette** enthalten und somit sättigend sind. Denn Fette sind nicht nur Geschmacksträger, sondern auch lebensnotwendig: Sie liefern wichtige Ausgangsstoffe für Hormone und Neurotransmitter und sind so außerordentlich wichtig für die Gesundheit und Leistungsfähigkeit unseres Gehirns.

Ich habe lange überlegt, ob Frühstücksrezepte in ein solches „Homeoffice-Rezepte-Buch" passen. Da das Frühstück aber schon die erste wichtige Entscheidung des Tages ist und es uns im Idealfall mit ausreichend Energie versorgt, möchte ich euch auch meine Lieblingsfrühstücksideen nicht vorenthalten.

Die Gerichte, die in diesem Buch zusammengestellt sind, lassen sich nicht nur einfach und schnell zubereiten, sondern enthalten reichlich Nährstoffe. Denn nur wenn wir unseren Körper mit allen essenziellen Nährstoffen versorgen,

- sind wir voller Energie,
- können wir klar denken und effektiv arbeiten,
- sind wir in ausgeglichener Stimmung,
- und können uns auch noch um unsere Familie, unsere Freundinnen und Freunde und Hobbys kümmern.

TIPPS & TRICKS

Es gibt unterschiedliche Ess- und Kochtypen, daher sind nicht alle Tipps für jeden gleich geeignet. Der Eine entscheidet spontan, auf was es ihn gelüstet, der Andere findet es hilfreich sich an einem Wochenplan entlangzuhangeln. Welche der folgenden Tipps zu euch und eurer Lebenssituation passen, müsst ihr ausprobieren.

MEAL PREP

Früher sagte man Vorkochen dazu, wobei Meal Prep, also die Mahlzeitenvorbereitung, es eigentlich besser trifft. Zu Meal Prep gehört z. B. das Müsli gleich für mehrere Tage vorzubereiten, eine Gemüsewürze herzustellen oder Linsen für diverse Gerichte vorzukochen. Das Vorbereiten von Basics kostet natürlich Zeit, erleichtert aber enorm das tägliche Geschäft. Meine Gemüsewürze nutze ich für Kräuterquark, Salatdressings, zum Anbraten und natürlich auch als Gemüsebrühe. Und manchmal nervt es mich, wenn ich sie herstellen muss, aber ich freue mich später immer, wenn ich sie einsetzen kann. Zu Meal Prep gehört auch geschickt zu planen: Gibt es am Dienstag gekochte Kartoffeln, dann kocht man einfach mehr und zaubert aus dem Rest am Mittwoch Bratkartoffeln. Ich bin ein Resteessen-Fan; es verschafft mir persönliche Glücksgefühle, wenn ich Reste mit Zutaten aus dem Vorrat so kombinieren kann, dass es schmeckt. So wird nichts weggeworfen und das Einkaufen spart man sich auch. Bei uns gibt es zeitweise so oft Reste, dass mein Mann schon gefragt hat: „Wer hat eigentlich das Original gegessen?“

TIEFKÜHLPRODUKTE

Hat man wenig Zeit zum Kochen, sind bereits geputzte und vorbereitete Tiefkühlprodukte wie Gemüse, Obst, Fisch, Fleisch und Kräuter unschlagbar. Zudem enthält Gemüse oder Obst, das direkt nach der Ernte eingefroren wurde, oft mehr Vitamine als dasjenige, das bereits drei Tage im Kühlschrank liegt. Und die Auswahl beim Einkauf an tiefgefrorenen Zutaten ist groß und saisonal unabhängig: Es gibt zu jeder Jahreszeit Blattspinat, Bohnen, Erbsen, Himbeeren, gemischte Beeren und vieles mehr in der Tiefkühlversion. Ich bin z. B. ein großer Fan von TK-Kräutern. Diese kann man in allen möglichen Sorten in den Tiefkühlschrank legen und hat sie dann sommers wie winters immer schnell zur Hand. Es gibt sogar fertig geschnittene Zwiebel, Mangowürfel und zerkleinerten Blumenkohl, den man etwa als „low carb"-Alternative verwenden kann.

Kocht man mit Tiefkühlprodukten, muss man weniger oft einkaufen und kann schnell und spontan etwas zaubern, weil das zeitaufwendige Putzen und Schnippeln wegfällt!

ESSENSPLÄNE

Wer gerne plant, kann mit einem Wochenplan sein (Koch-)Leben sehr erleichtern. So genügt dann oft ein Einkauf, bei dem alle Zutaten für die Woche gekauft werden. Für den Plan muss man sich natürlich etwas zusätzliche Zeit nehmen, steht er aber und liegt alles Eingekaufte im Kühlschrank, dann muss eigentlich nur noch gekocht werden.

Eine weitere Möglichkeit ist es, sich einen „Masterplan" zu überlegen: montags gibt es z. B. dann immer Suppe, am Mittwoch Ofengemüse und freitags Fisch. Gegenüber dem konkreten Wochenplan ist man dabei etwas flexibler, muss sich dann aber immer noch überlegen: Welche Suppe koche ich?

Mit Essensplänen investiert man mehr Zeit in die Vorbereitung (idealerweise in einer ruhigen Minute) und spart aber im stressigen Alltag Zeit und Nerven.

BIO-KISTE

Obwohl ich ein recht strukturierter Mensch bin (Statistikerin!), bin ich nicht der Typ für Essenspläne. Ich möchte mir am Sonntag noch keine Gedanken machen müssen, was ich am Freitag esse. Vielleicht steht auf meinem Plan für Donnerstag Suppe, dann kommt es aber zu einem überraschenden Temperaturumschwung und ich bekomme unbändige Lust auf Salat. Ich bin eine „Was-da-ist-Köchin" - und deshalb ein absoluter Fan der Bio-Kiste.

Die Bio-Kiste wird einmal wöchentlich mit biologisch erzeugten Produkten nach Hause geliefert. Meist gibt es verschiedene Modelle. So kann man sich die Kiste einerseits individuell zusammenstellen. Das wäre die geeignete Variante für die „Essensplan-Familie". Oder man bucht andererseits einfach eine Gemüse- und Obstkiste, in der all das zusammengestellt wird, was Saison hat. Wir haben die letztere Version. Gekocht wird, was uns geliefert wird, und habe ich mal keine Idee, dann nutze ich die wunderbare Welt des Internets und werde immer fündig.

Die Bio-Kiste ist sowohl für Planer als auch Spontanesser geeignet. Man bekommt gute Qualität und spart sich außerdem das Schleppen.

I FRÜHSTÜCK

ENERGIE-MÜSLI

Das Müsli aus Samen und Nüssen sättigt für Stunden und liefert uns reichlich Energie. Werden die Kerne und Samen geröstet, schmecken sie wesentlich aromatischer. Am einfachsten ist es, wenn man gleich mehrere Portionen vorbereitet und in einem luftdichten Behälter aufbewahrt. Ist es draußen kalt, kann man das Müsli alternativ mit ca. 150 ml heißem Wasser und etwas Kokosöl anrühren und es dann mit Obst und flüssiger Sahne anrichten.

Zutaten für 10 Portionen

100 g	Kokoschips	100 g	Kürbiskerne
100 g	Mandelblättchen	100 g	Sonnenblumenkerne
60 g	Leinsamen	30 g	Sesam
20 g	Chiasamen		

ZUBEREITUNG

Alle Zutaten getrennt in einer Pfanne ohne Fett anrösten. Nach dem Abkühlen alles gut vermischen und in ein luftdichtes Gefäß geben. Das Müsli kann nun portionsweise (ca. 50 g) entweder wie oben beschrieben oder ganz klassisch mit Joghurt oder (Kokos-)Milch und etwas Obst angemacht werden.

Nährwerte pro Portion
23 g Fett
5 g Kohlenhydrate
11 g Eiweiß

MATCHA-PORRIDGE

Ich mag buntes Essen. Ist etwas knallgrün oder Rote-Bete-pink, bin ich hin und weg. Die grüne Farbe dieses Gerichtes kommt vom japanischen Matcha-Grüntee. Der Porridge wird mit Kokosmilch zubereitet.

Zutaten für 2 Portionen

50 g	gemahlene Mandeln
50 g	Feinblatt Haferflocken, glutenfrei
1	Birne
2 TL	Matcha-Pulver
200 ml	Kokosmilch
	Salz
1 EL	Kokosöl
	Pistazien

ZUBEREITUNG

Birne waschen, vierteln und von Kernen befreien. In einem kleinen Topf das Kokosöl leicht erhitzen und die Birne hineinraspeln. Das Ganze wird nun angedünstet. Haferflocken und gemahlene Mandeln dazugeben, kurz umrühren und mit Kokosmilch auffüllen. Ein paar Minuten rühren. Ist der Brei zu fest, kann etwas Kokosmilch oder Wasser dazugegeben werden. Kurz vor Ende das Matcha-Pulver unterrühren. Wir bleiben Ton in Ton und richten den Porridge mit Pistazien an.

Nährwerte pro Portion
38 g Fett
24 g Kohlenhydrate
10 g Eiweiß

KOKOSQUARK MIT PAPAYA

Dieser Quark schmeckt gut und macht lange satt. Er lässt sich für mehrere Tage vorbereiten, so dass man am Morgen nur noch Papaya oder anderes Obst dazugibt.

Zutaten für 4 Portionen

40 g	Kokosöl
500 g	Quark, 40%
300 g	Joghurt, mind. 3,8%
40 g	Leinsamen
30 g	gemahlene Mandeln
10 g	Kokosraspeln
2 EL	Honig oder Apfeldicksaft
	Salz
	Vanille, gemahlen
1	Papaya

ZUBEREITUNG

Kokosöl im Topf leicht erhitzen, bis es flüssig wird. Mit dem Schneebesen den Quark und den Joghurt unterrühren. Die Leinsamen, die gemahlenen Mandeln und die Kokosraspeln dazugeben und verrühren. Mit Honig, einer Prise Salz und etwas gemahlener Vanille abschmecken. In vier Portionen teilen und mit Obst anrichten.

Nährwerte pro Portion
32 g Fett
14 g Kohlenhydrate
17 g Eiweiß

ROTE-BETE-PORRIDGE

Dieser Porridge ist ein typisches Winterfrühstück und bringt viel Farbe in den Tag. Er steckt voller guter Zutaten. Rote Bete, Haferflocken und Apfel liefern viele Vitamine und Mineralstoffe. Darüber hinaus wirkt das im Hafer enthaltene Beta-Glucan positiv auf den Blutzucker- und den Cholesterinspiegel. Wer zu Nierensteinen neigt, sollte sich allerdings bei Roter Bete etwas zurückhalten, da diese eine nicht unerhebliche Menge an Oxalsäure enthält.

Zutaten für 2 Portionen

1 Tasse	Haferflocken	1	Prise Salz
2 EL	Chiasamen	100 ml	Cranberrysaft
50 ml	Sahne	150 g	vollfetter Joghurt
1	mittlere Rote Bete, roh	100 g	(TK-) Beeren
1	mittlerer Apfel	3 EL	(schwarzer) Sesam

ZUBEREITUNG

Die geschälte Rote Bete und den entkernten Apfel grob raspeln. Zusammen mit den Haferflocken, den Chiasamen, dem Salz, der Sahne und einer Tasse Wasser in einem Topf verrühren und bei mittlerer Hitze ca. 3 min. kochen lassen. Dann den Cranberrysaft dazugeben und noch mal kurz aufkochen lassen. Den Porridge mit Joghurt, Sesam und Beeren anrichten.

Nährwerte pro Portion
13 g Fett
27 g Kohlenhydrate
7 g Eiweiß

2 SALATE

GURKE-MANGO-SALAT

Dieser Salat ist nicht nur mein Lieblingssalat, sondern auch der meiner Freunde. Steht ein Sommerfest oder ein gemeinsames Grillen an, werde ich fast immer gebeten, diesen Salat mitzubringen. Durch die Mango, den Ingwer und den Koriander bekommt der Salat einen asiatischen Touch. Mit den Erdnüssen eignet er sich auch zum Sattessen.

Zutaten für 2 Portionen

1	Mango
1	Salatgurke
	Koriandergrün (TK)
100 g	Erdnüsse (ungesalzen)

Für das Dressing:

3 EL	Lein- oder Olivenöl
2 EL	Limettensaft
1	kleine Knoblauchzehe
1 Stk.	Ingwer
	Chiliflocken
	Salz, Pfeffer

ZUBEREITUNG

Knoblauch pressen, Ingwer fein reiben und beides mit Öl, Limettensaft und den Gewürzen mit einer Gabel gut verrühren. Die geschälte Mango und die Gurke in Würfel schneiden. Diese zum Dressing geben und unterrühren. Zum Schluss mit Koriander abschmecken. Kurz vor dem Servieren die Erdnüsse drüberstreuen.

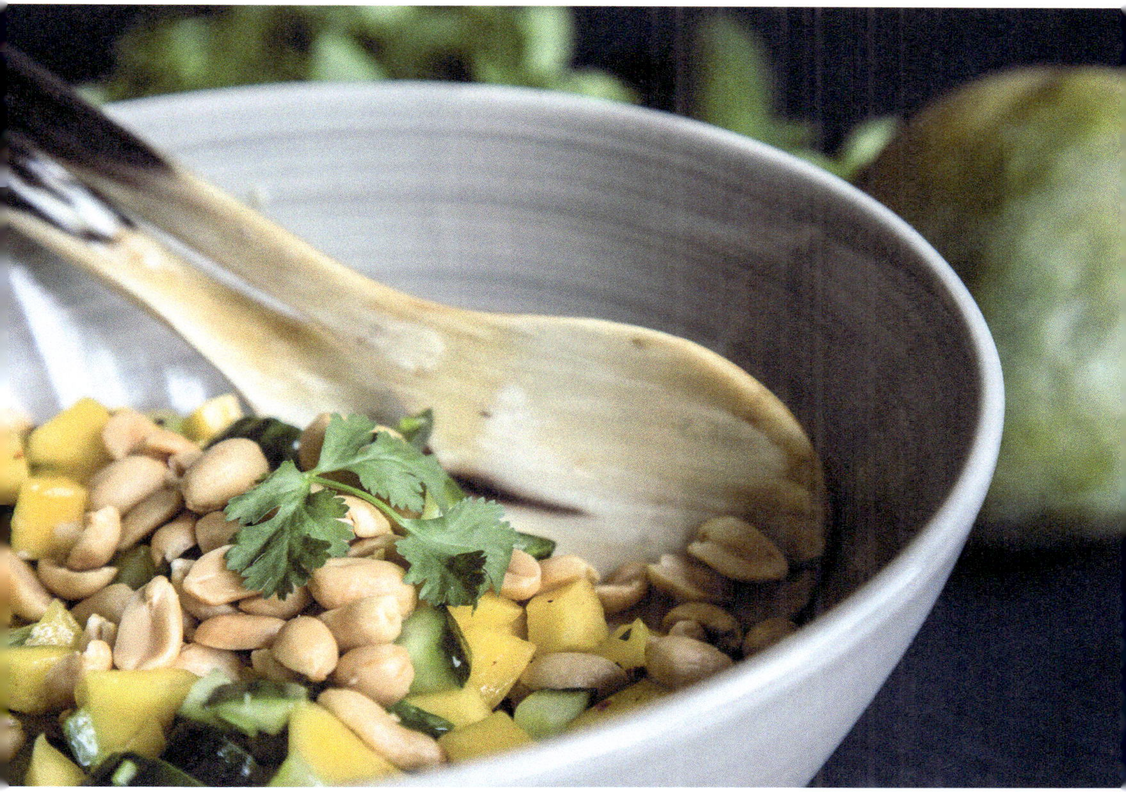

Nährwerte pro Portion
39 g Fett
31 g Kohlenhydrate
15 g Eiweiß

ROTE-BETE-APFEL-SALAT

Ein fruchtiger, farbenfroher Salat. Mit Pekan- oder Walnüssen sättigt er gut. Joghurt und Kefir enthalten wertvolle Probiotika für den Darm. Leinöl liefert uns essenzielle Omega-3-Fettsäuren und wirkt antientzündlich.

Zutaten für 2 Portionen

1	Rote Bete, roh	Wal- oder Pekannüsse
1	Apfel	etwas Zitronensaft
2 EL	Leinöl (oder Olivenöl)	Salz, Pfeffer
150 ml	Naturjoghurt oder Kefir	

ZUBEREITUNG

Die rohe Rote Bete schälen, am besten mit Handschuhen, da sie stark färbt. Den Apfel waschen und mit einem Ausstecher Kerne und Stiel entfernen. Apfel und Rote Bete mit einer Raspel fein in eine Schüssel raspeln. Leinöl und Joghurt oder Kefir unterrühren. Mit Zitronensaft, Salz und Pfeffer abschmecken und mit den Nüssen servieren.

Nährwerte pro Portion

25 g Fett
22 g Kohlenhydrate
8 g Eiweiß

MELONEN-FETA-SALAT

Ein erfrischender Salat, perfekt für hochsommerliches Wetter. Das Süße und Saftige der Melone kombiniert mit dem vollmundigen salzigen Geschmack des Fetas und abgerundet mit der Frische der Minze. Was braucht man mehr an einem heißen Tag?

Zutaten für 2 Portionen

½	Wassermelone (mittelgroß)	Salz
200 g	Feta	Pfeffer
4 EL	Olivenöl	frische Minze

ZUBEREITUNG

Die Wassermelone von der Schale befreien und in nicht zu kleine Würfel schneiden. Den Feta aus der Packung einfach über die Melone krümeln und mit Olivenöl, Salz und Pfeffer abschmecken. Dann die frisch geschnittene Minze vorsichtig unterheben. Da der Salat schnell wässrig wird, wenn er länger steht, ist es am besten, ihn erst kurz vor dem Essen zuzubereiten.

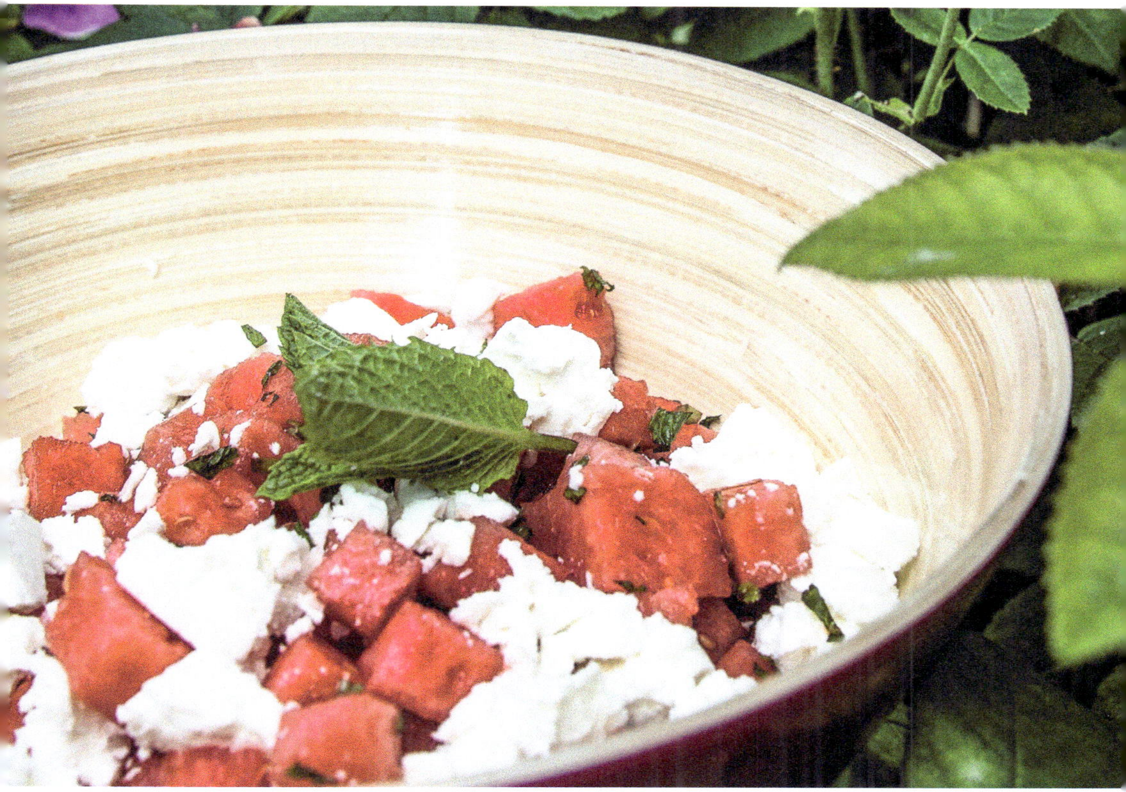

Nährwerte pro Portion
30 g Fett
25 g Kohlenhydrate
18 g Eiweiß

SAUERKRAUT-DATTEL-SALAT

Frisches Sauerkraut ist ein fermentiertes Lebensmittel und eine Wohltat für unseren Darm. In diesem schnellen und einfachen Salatrezept wird die Säure des Sauerkrautes mit der Süße der Dattel harmonisch ausgeglichen. Als Variation lässt sich die Dattel auch durch eine geraspelte Birne ersetzen. Das Sauerkraut auf dem Foto wurde von mir selbst fermentiert und verdankt seine sattgelbe Farbe dem zugefügten Kurkuma; ich nenne es auch „Goldenes Kraut".

Zutaten für 2 Portionen

250 g frisches Sauerkraut
2-3 Datteln
(oder eine Birne)
2 EL Olivenöl
Pfeffer

ZUBEREITUNG

Die Datteln in kleine Stücke schneiden. Mit dem Sauerkraut vermengen, Olivenöl dazugeben und mit Pfeffer abschmecken.

Nährwerte pro Portion

6 g Fett
5 g Kohlenhydrate
2 g Eiweiß

FENCHEL-APFEL-SALAT

Frisch, fruchtig und schnell. Ein Salat als perfekter Begleiter fürs Mittagessen im Homeoffice. Mit diesem Salat lassen sich meist auch Fenchel-Skeptiker überzeugen.

Zutaten für 2 Portionen

1	Fenchelknolle	2 EL	Lein- oder Olivenöl
1	Apfel		Salz
	Zitronensaft		Pfeffer

ZUBEREITUNG

Die Fenchelknolle waschen und mit dem Sparschäler die äußere Haut schälen, der Länge nach vierteln und den Strunk herausschneiden. Die Viertel in feine Streifen schneiden. Das Fenchelgrün kann kleingeschnitten mit in den Salat gegeben werden. Den Apfel waschen, entkernen und achteln. Die Stücke in feine Apfelscheiben schneiden. Den Salat mit etwas Zitronensaft, Öl, Salz und Pfeffer abschmecken.

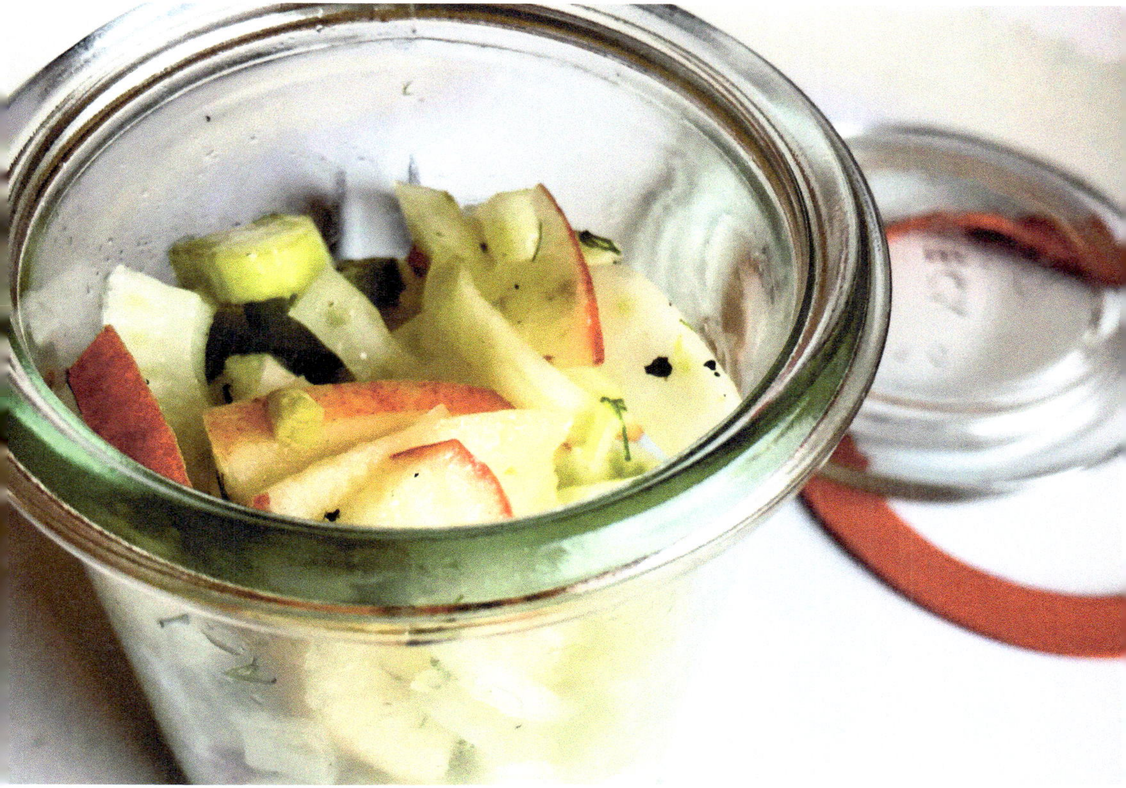

Nährwerte pro Portion

4 g Fett
8 g Kohlenhydrate
2 g Eiweiß

RADICCHIO-ORANGEN-SALAT

Ein wahrlich farbenfroher Wintersalat. Der leuchtend rote und etwas bittere Radicchio harmoniert wunderbar mit der Süße der Orangen, dem salzigen Pecorino, der Schärfe aus der Chili und dem Geschmack der Zwiebel.

Zutaten für 4 Portionen

1	kleiner Kopf Radicchio	100 g	Pecorino
2	große Orangen		Salz
1	rote Zwiebel		Pfeffer
	Ghee zum Anbraten		Olivenöl
2 EL	grüne, entsteinte Oliven		Chiliflocken

ZUBEREITUNG

Die geschälte Zwiebel in feine Ringe schneiden. In einer kleinen Pfanne etwas Ghee erhitzen und die Zwiebelringe ca. 3 min. auf kleiner Hitze dünsten. Den gewaschenen Radicchio auf vier Tellern anrichten. Die Orange mit einem Messer so schälen, dass auch die weiße Haut entfernt wird, in Scheiben schneiden und auf die Radicchioblätter legen. Darauf die gedünsteten Zwiebelringe, die Oliven und den geraspelten Pecorino verteilen. Etwas Olivenöl darüberträufeln und mit Salz, Pfeffer und Chiliflocken abschmecken.

Nährwerte pro Portion

17 g Fett
9 g Kohlenhydrate
6 g Eiweiß

3 SUPPEN

KICHERERBSEN-KOKOS-SUPPE

Diese Suppe ist eines meiner Lieblingsrezepte! Sie ist wirklich ganz einfach gemacht und schmeckt sehr fein. Die leichte Süße der Erbsen und der Kokosmilch begeistern bestimmt auch das ein oder andere Kind.

Zutaten für 4 Portionen

400 ml	Kokosmilch, Dose	Salz, Pfeffer
220 g	Kichererbsen, Glas oder Dose	Kurkuma
250 g	TK-Erbsen	(optional) Kreuzkümmel,
250 ml	Gemüsebrühe	Koriander,
4	Frühlingszwiebeln	Chiliflocken

ZUBEREITUNG

Die TK-Erbsen zusammen mit der Kokosmilch in einen Topf geben und 3 min. köcheln lassen. Zwischenzeitlich die gewaschenen Frühlingszwiebeln in Ringe schneiden. Nach 3 min. die Kichererbsen und die Gemüsebrühe dazugeben und nochmal 5 min. köcheln lassen. Kurz vor Ende der Garzeit ¾ der Frühlingszwiebelringe zur Suppe geben. Mit Salz, Pfeffer und Kurkuma abschmecken. Eventuell noch mit Kreuzkümmel, Koriander und Chili würzen. Mit den restlichen Frühlingszwiebeln garnieren und servieren.

Nährwerte pro Portion

23 g Fett
24 g Kohlenhydrate
13 g Eiweiß

KAROTTEN-BIRNEN-SUPPE

Eine farbenfrohe Suppe verfeinert mit Ingwer, Birne und Kürbiskernöl. Perfekt für kalte Tage! Hier kann man Zeit sparen, wenn man fertig gekaufte TK-Karotten bzw. - Zwiebelstücke verwendet. Auch das Chichi mit der Birne kann man sich natürlich sparen.

Zutaten für 4 Portionen

800 g	Karotten
2	Zwiebeln
3	Birnen
	Ingwer, frisch, ca. 5 cm lang
	Kokosöl zum Braten
300 ml	Kokosmilch
800 ml	Gemüsebrühe
	Kürbiskernöl
2 EL	Kürbiskerne
	Limetten- oder Zitronensaft
	Salz, Pfeffer
	Paprikapulver
	Kurkuma, Chili

ZUBEREITUNG

Zwiebeln und Karotten schälen und in Stücke schneiden. Birnen waschen und etwa ein Viertel für die Dekoration aufheben. Die Birnen entkernen und kleinschneiden. Ingwer raspeln. Die Zwiebelwürfel in Kokosöl bei mittlerer Hitze anbraten. Karotten, Birnen und Ingwer zugeben. Mit Gemüsebrühe aufgießen und bei kleiner Hitze ca. 20 min. weichkochen. Nun die Kokosmilch dazugeben, kurz aufkochen lassen und mit dem Stabmixer fein pürieren. Mit den restlichen Gewürzen abschmecken. Birne dünsten, Kerne rösten. Die Suppe in die Teller füllen, mit den Birnen und Kernen dekorieren. Zum Abschluss mit Kernöl beträufeln.

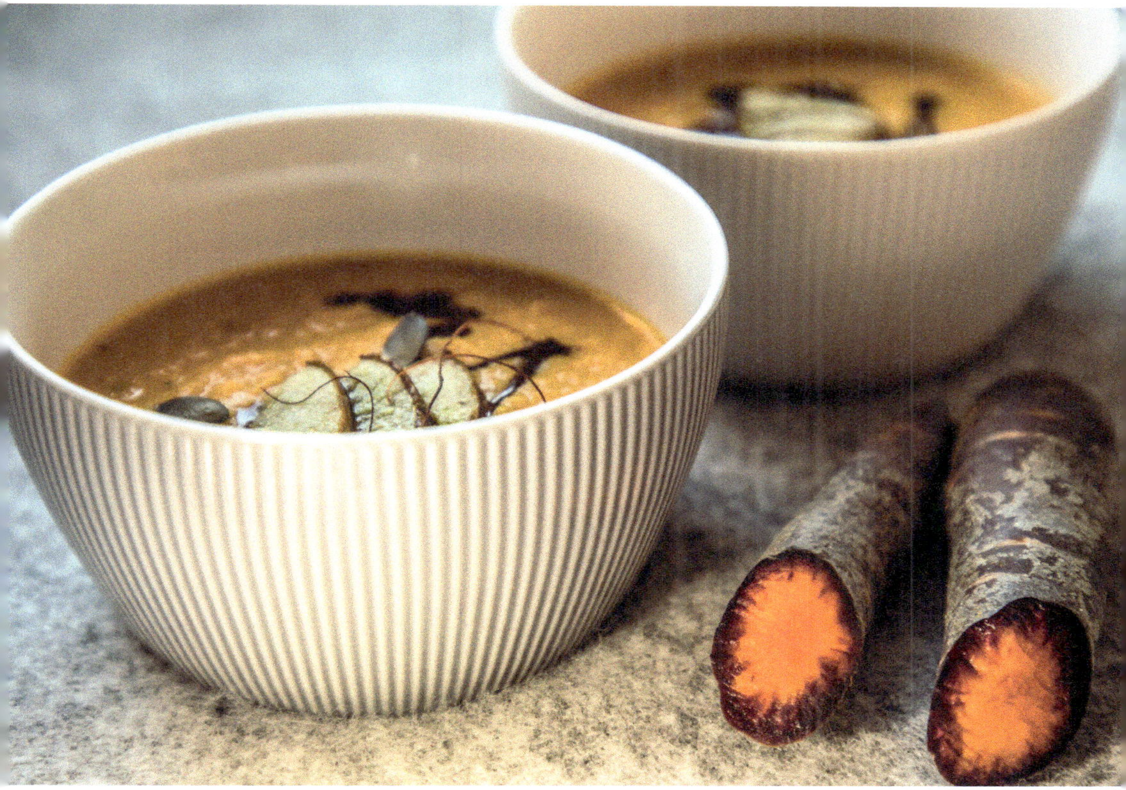

Nährwerte pro Portion

15 g Fett
10 g Kohlenhydrate
2 g Eiweiß

GRÜNE BOHNEN-SUPPE

Ein Klassiker, der sehr schnell zubereitet ist, wenn man grüne Bohnen aus dem Tiefkühlregal verwendet. Wer mag, kocht die Bohnen in Fleischbrühe.

Zutaten für 4 Portionen

750 g	Brechbohnen oder Prinzessbohnen, TK
1	große Zwiebel
	Ghee oder Kokosöl zum Anbraten
3	Kartoffeln
	Salz, Pfeffer
	Paprikapulver
	Bohnenkraut
	Gemüsewürze

ZUBEREITUNG

Zwiebel schälen und in kleine Würfel schneiden. Die Zwiebelwürfel in einem großen Topf mit etwas Ghee oder Kokosöl anbraten. Die Bohnen dazugeben und das Ganze mit Wasser auffüllen, bis die Bohnen bedeckt sind. Sobald das Wasser kocht, Gemüsewürze, Salz und Bohnenkraut hineingeben. Anschließend die Kartoffeln schälen und in Würfel schneiden. Die Kartoffelwürfel zu den Bohnen geben und so lange kochen bis die Bohnen und die Kartoffelstückchen weich sind. Das dauert etwa 15 min.. Anschließend mit Pfeffer, Paprika und Salz abschmecken.

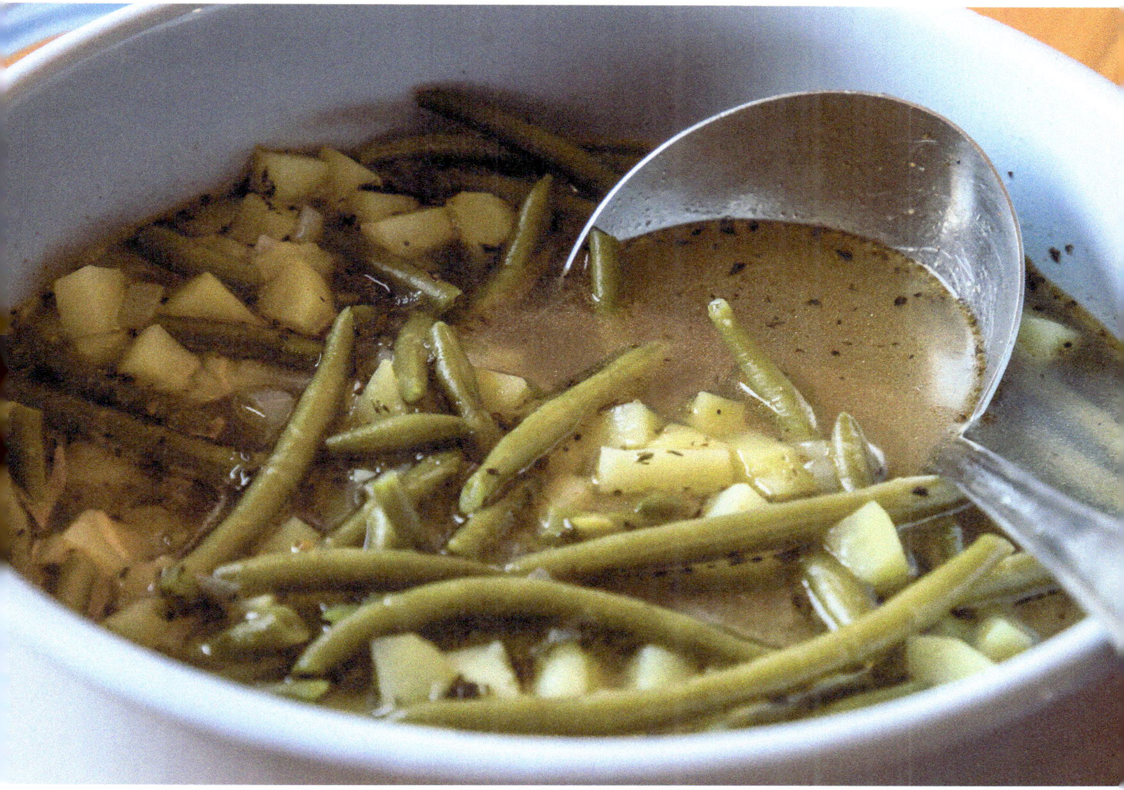

Nährwerte pro Portion

3 g	Fett
18 g	Kohlenhydrate
7 g	Eiweiß

4 HERZHAFT & KALT

PAPAYA MIT MOZZARELLA

Statt des Klassikers „Tomate mit Mozzarella“ gibt es hier eine ungewöhnliche Kombination aus Papaya und Mozzarella. Die Papayakerne lassen sich übrigens auch verwenden. Die Körner schmecken leicht scharf, können frisch oder getrocknet gegessen werden; getrocknet lassen sie sich wie Pfefferkörner mahlen. Papayakerne wirken ausgleichend auf das Immunsystem. Übrigens gelten die rosa Pfefferbeeren, anders als ihr Name vermuten lässt, botanisch nicht als echter Pfeffer.

Zutaten für 4 Portionen

1 Papaya
3 Mozzarella
Olivenöl
Balsamicoessig
Salz
grüner eingelegter Pfeffer
rosa Pfefferbeeren
schwarzer Pfeffer

ZUBEREITUNG

Die Papaya halbieren, schälen und die Kerne entfernen. Gegebenenfalls ein paar aufheben und dem Pfeffertrio beifügen. Die Papaya und die Mozzarellastücke in Scheiben schneiden und abwechselnd schichtend auf vier große Teller verteilen, mit Öl, Essig und den Gewürzen anrichten.

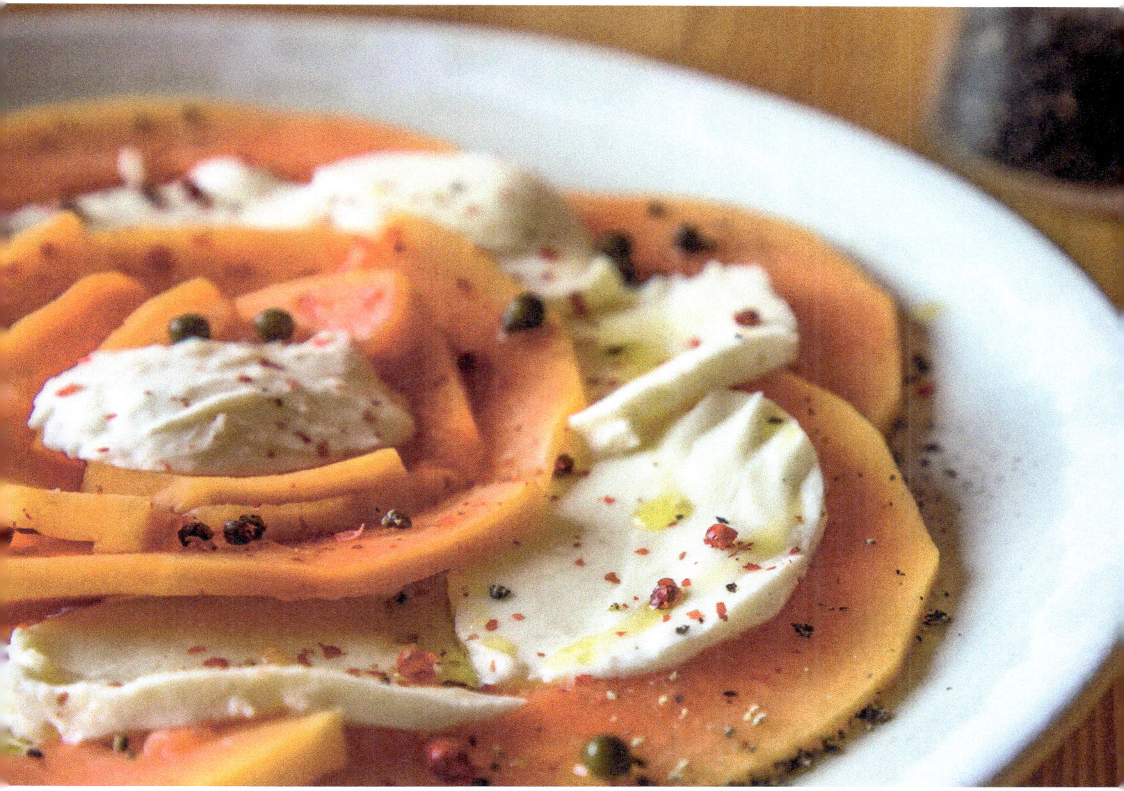

Nährwerte pro Portion
22 g Fett
6 g Kohlenhydrate
17 g Eiweiß

ROTE-BETE-GAZPACHO

Angelehnt an die klassische Gazpacho wird die rohe Rote Bete mit dem restlichen Gemüse gemixt und zusammen mit dem Brennnessel-Pesto zu einer farbenfrohen, kalten Suppe angerichtet. Perfekt für heiße Sommertage.

Zutaten für 4 Portionen

1	Rote Bete, roh
1	Salatgurke
1	rote Paprika
1	Knoblauchzehe
1	Zwiebel
30 ml	Olivenöl
1 EL	Apfelessig
1	Bio-Zitrone (Schale und Saft)
	Salz, Pfeffer, Chili
Für das Topping:	
	Frische Brennnesselblätter
50 ml	Olivenöl

ZUBEREITUNG

Die Rote Bete (am besten mit Handschuhen) schälen und in Stücke schneiden. Die geschälte Zwiebel kleinschneiden. Gurke und Paprika würfeln. Alles zusammen mit der geschälten Knoblauchzehe in einen Mixer geben oder einen Pürierstab benutzen. Nun noch Öl, Essig, Zitronensaft und abgeriebene Schale dazugeben und alles zerkleinern. Die kalte Suppe mit den Gewürzen abschmecken. Die gewaschenen Brennnesselblätter mit Olivenöl ebenfalls im Mixer zerkleinern, bis sich eine grüne Soße ergibt. Mit dem Brennnessel-Pesto die Suppe garnieren.

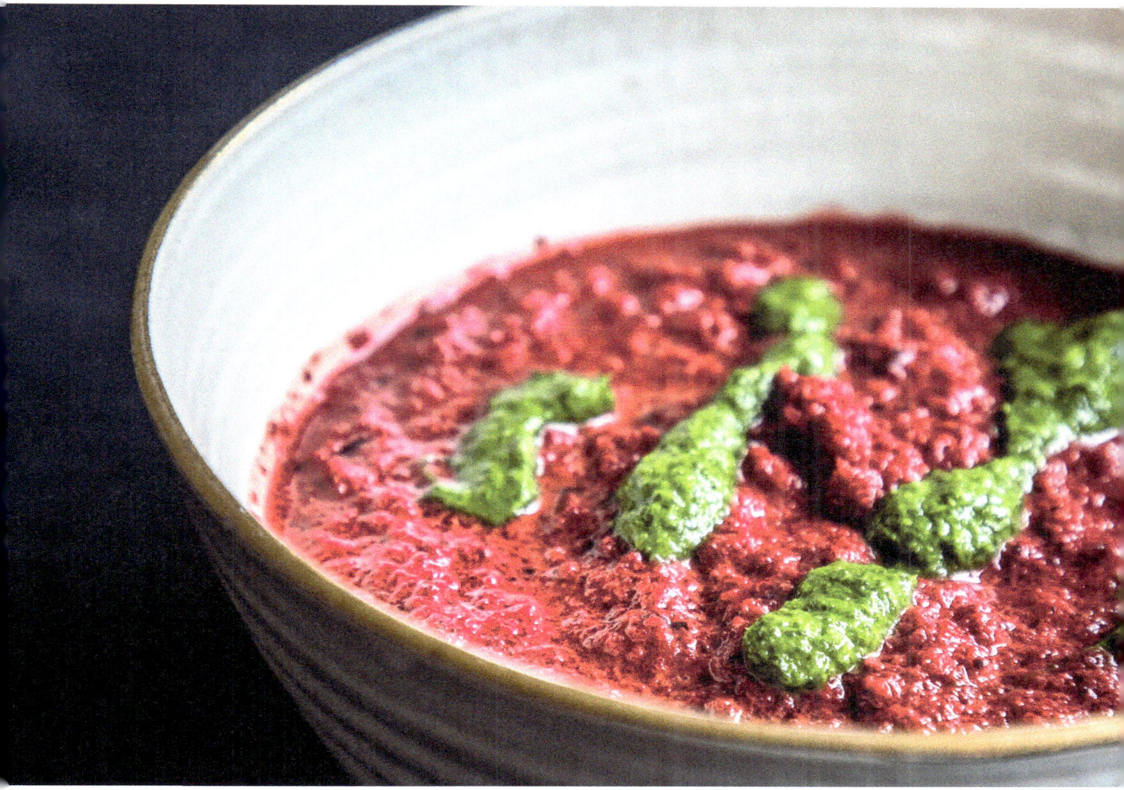

Nährwerte pro Portion
16 g Fett
10 g Kohlenhydrate
3 g Eiweiß

LOW-CARB-WRAP

Diese Wraps sind ratzfatz gemacht und können nach Bedarf gefüllt werden. Diese hier sind vegetarisch, eine Schinken- oder Sardellenfüllung ist natürlich auch möglich. Zum Mitnehmen sind sie sehr gut geeignet.

Zutaten für 4 Portionen

3	Eier
25 ml	Olivenöl
125 g	Mozzarella
3 EL	Kokosöl, geschmolzen
¼ TL	Salz
5 g	Flohsamenschalen
	Kräuter nach Geschmack

Füllung nach Belieben:

100 g	Frischkäse
	Rucola oder anderer Salat
	Tomaten
	Salz, Pfeffer
	Paprikapulver

ZUBEREITUNG

Den Backofen auf 175° C Umluft vorheizen. Eier, Olivenöl und das geschmolzene Kokosöl in ein hohes Gefäß geben, Mozzarella dazukrümeln. Alles mit einem Pürierstab fein mixen. Mit den Gewürzen und Kräutern abschmecken. Die Flohsamenschalen rasch einrühren und die Masse auf ein mit Backpapier belegtes Blech gießen. Sehr dünn verteilen. In den Backofen geben und nach ca. 4 min. in den gewölbten Teig mit einer Gabel Löcher stechen. Insgesamt 8 min. backen. Anschließend in zwei Teile schneiden und auf einem Gitter abkühlen lassen. Mit dem gewünschten Belag belegen und aufrollen. In der Mitte noch mal schräg in zwei Hälften schneiden.

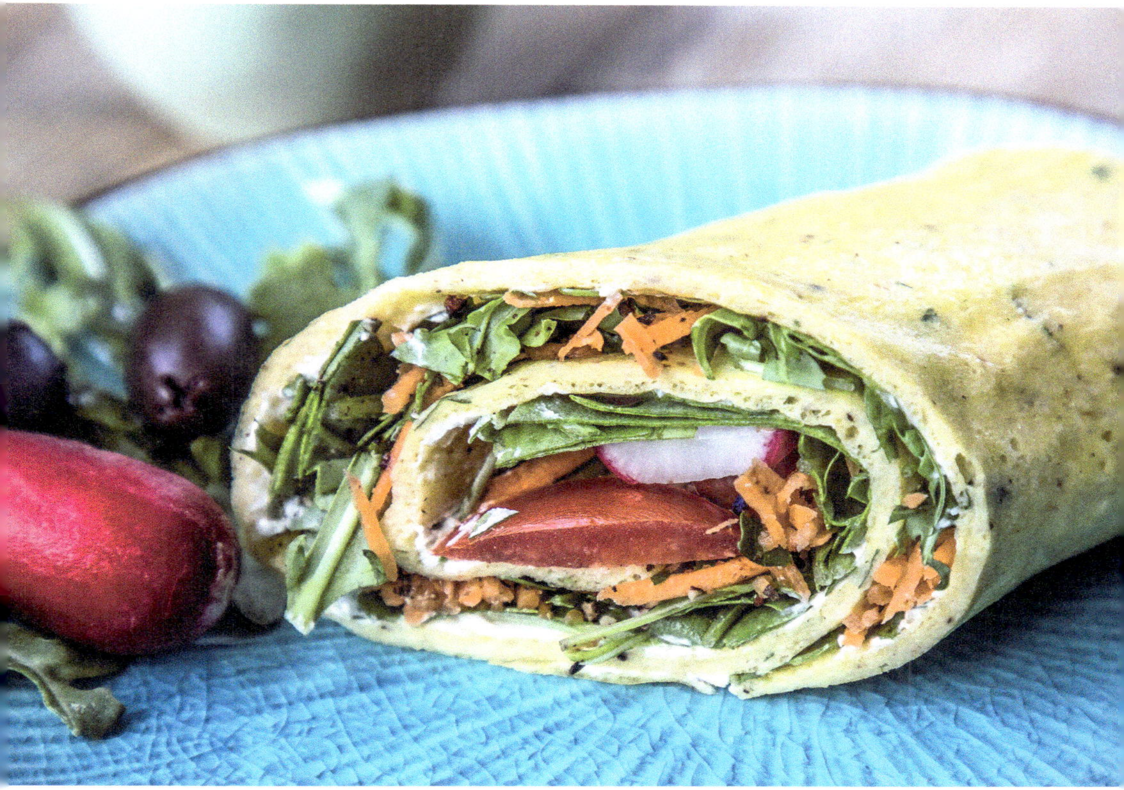

Nährwerte pro Portion

30 g Fett
2 g Kohlenhydrate
15 g Eiweiß

ROTE-BETE-CARPACCIO

Das Rote-Bete-Carpaccio ist eine Abwandlung vom „Handkäs mit Musik". Alternativ zur Roten Bete kann auch ein Rettich verwendet werden. Dann ist das Ganze zwar nicht so farbenfroh, aber auch sehr lecker.

Zutaten für 4 Portionen

1 Rote Bete, roh
1 weiße Zwiebel
1 Bauernkäse, Harzer Roller

Apfelessig
Olivenöl
Salz, Pfeffer

ZUBEREITUNG

Die rohe Rote Bete schälen (am besten mit Handschuhen) und in feine Scheiben hobeln. Die Zwiebel schälen und in feine Ringe schneiden. Die Rote Bete Scheiben auf vier Teller verteilen. Dann ebenso den in Scheiben geschnittenen Bauernkäse schichten und abschließend die Zwiebelringe oben auflegen. Mit Öl, Essig, Pfeffer und Salz abschmecken.

Nährwerte pro Portion

5 g Fett
2 g Kohlenhydrate
14 g Eiweiß

PAPAYA-CARPACCIO MIT FETA

Das hier ist eine weitere salzige Kombination mit Papaya. Die Würze kommt aus den Papayakernen, die wertvolle Inhaltsstoffe enthalten.

Zutaten für 4 Portionen

1	Papaya	Salz, Pfeffer
200 g	Feta	Papayakerne
	Olivenöl	

ZUBEREITUNG

Die Papaya halbieren und die Kerne mit einem kleinen Löffel aus der Papaya in eine kleine Schüssel kratzen. Die Hälften mit einem kleinen Messer oder mit dem Sparschäler schälen. Die Papaya in feine Scheiben schneiden und wie ein Carpaccio auf vier große Teller verteilen. Auf die Scheiben den Feta krümeln, darüber Olivenöl träufeln und die Papayakerne verteilen. Mit Salz und Pfeffer bestreuen. Dazu passen die Rosmarin-Cracker sehr gut.

Nährwerte pro Portion

13 g Fett
6 g Kohlenhydrate
9 g Eiweiß

FERMENTIERTE KAROTTENSTICKS

Einfach zu machen, ein toller Vorrat und super darmgesund! Die Karotten werden nur mit Salzwasser aufgegossen, müssen aber zwei Wochen fermentieren.

Zutaten für 1 l-Gefäß

6	ungeschälte Karotten	2%ige	Salzlake (20g Salz auf 1 l Wasser)
2	Knoblauchzehen		
1 EL	Petersilie (frisch oder TK)		

ZUBEREITUNG

Die Karotten gründlich waschen und länglich in Sticks schneiden. Den geschälten Knoblauch pressen. Die Sticks zusammen mit dem Knoblauch und der gehackten Petersilie in ein 1 l-Gefäß geben. Die Karotten mit der Lake so aufgießen, dass etwa 2,5 cm Luft bis zum oberen Rand bleibt. Dann die Karotten beschweren, sodass sie unter der Flüssigkeit bleiben. Das funktioniert z. B. mit einem sauberen Stein oder mit einer mit Wasser gefüllten Plastiktüte. Das Gefäß verschließen.

Das Ferment ca. zwei Wochen bei Zimmertemperatur stehen lassen. Danach halten die fermentierten Karottensticks im Kühlschrank mindestens sechs Monate. Sie können als gesunder Snack zwischen den Mahlzeiten oder auch als Salatzutat gegessen werden. Als Gewürz passt Rosmarin ebenso gut.

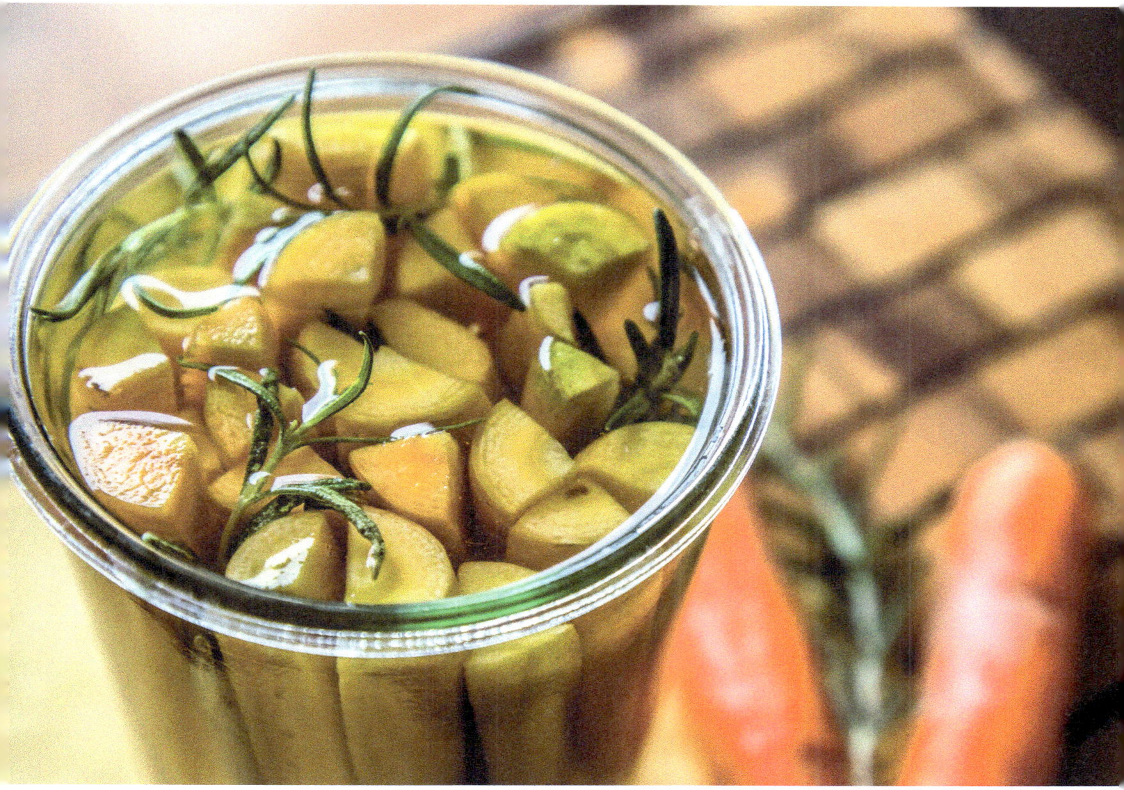

Nährwerte pro Portion

0,5 g Fett
4 g Kohlenhydrate
1 g Eiweiß

5 HERZHAFT & WARM

SÜSSKARTOFFELN & ZIEGENKÄSE

Obwohl die Süßkartoffel der Kartoffel ähnelt und auch so heißt, gehört sie nicht zu den Kartoffeln. Sie ist ein Nährstoffwunder; Neben reichlich Ballaststoffen, sekundären Pflanzenstoffen und Vitaminen wie Vitamin E und C enthält sie auch Mineralstoffe wie Kalium. Man kann sie, im Gegensatz zur Kartoffel, auch roh essen.

Zutaten für 4 Portionen

4 große Süßkartoffeln
2 Ziegenkäserollen (á 200 g)
Olivenöl
Salz, Pfeffer
Paprikapulver
Salbei, frisch

ZUBEREITUNG

Süßkartoffeln waschen oder schälen, in Scheiben schneiden. Den Salbei waschen und etwas zerkleinern. Die Süßkartoffelscheiben in einer Schüssel mit Salz, Pfeffer, Paprikapulver, Salbei und Olivenöl vermengen. Auf ein Blech mit Backpapier geben. Das Blech kommt bei 180° C Umluft für ca. 15 min in den Ofen. Zwischenzeitlich die Ziegenkäserolle in Scheiben schneiden. Den Ziegenkäse in den letzten 5 min. zu den Süßkartoffeln in den Backofen geben. Dazu passen Salate oder Blumenkohl-Hummus. Für die vegane Variante kann man den Ziegenkäse durch ganze Mandeln ersetzen.

Nährwerte pro Portion
30 g Fett
25 g Kohlenhydrate
20 g Eiweiß

BLUMENKOHLPÜREE MIT PILZEN

Ein Low-Carb-Püree mit Champignons und Petersilie: Ballaststoffe für den Darm. Und die Pilze wirken zudem ausgleichend auf das Immunsystem.

Zutaten für 4 Portionen

1	mittlerer Blumenkohl	Petersilie
200 g	Schmand	Muskat
1 EL	Flohsamenschalen	Kurkuma
500 g	Champignons	Paprikapulver
2	Zwiebeln	Salz, Pfeffer
	Ghee oder Kokosöl	

ZUBEREITUNG

Blumenkohl waschen und zerteilen, die Stücke in Salzwasser weichkochen. Die Champignons in Scheiben schneiden. Die geschälten Zwiebeln in Stücke schneiden. Petersilie waschen und hacken oder TK-Kräuter verwenden. Die Zwiebelwürfel in einer Pfanne in Ghee anbraten, die Champignonscheiben dazu und so lange braten, bis sie weich sind. Mit Salz, Pfeffer und Kurkuma abschmecken. In der Zwischenzeit das Blumenkohlwasser abgießen und mit einem Stampfer oder Pürierstab zu Püree verarbeiten. Mit Schmand verrühren, Flohsamenschalen unterrühren und mit Salz, Pfeffer, Paprika und Muskat abschmecken. Püree und Pilze mit Petersilie anrichten.

Nährwerte pro Portion

17 g	Fett
7 g	Kohlenhydrate
8 g	Eiweiß

FRITTATA

Die Frittata ist eine Art Omelett mit Gemüse. Sie kann aus allerlei Gemüsesorten zubereitet werden und eignet sich daher perfekt als Resteverwertung. Sie kann außerdem warm oder kalt gegessen werden.

Zutaten für 4 Portionen

½	Blumenkohl	4	Eier
2	Zucchini		Salz, Pfeffer
2	Knoblauchzehen		Majoran
3	Karotten		TK-Petersilie
2	Lauchstangen	150 g	(Kräuter-) Crème fraîche
	Ghee oder Kokosöl zum Anbraten		Sumach (optional)

ZUBEREITUNG

Das Gemüse waschen, schälen und kleinschneiden. Den Knoblauch schälen und pressen. Das Gemüse in einer feuerfesten Pfanne in Ghee anbraten und unter Zugabe von etwas Wasser weichdünsten. Mit Salz, Pfeffer und Majoran würzen. Die Eier aufschlagen, verquirlen, mit Salz und Pfeffer würzen und über das gedünstete Gemüse gießen. Alles verrühren, so dass die Eier das Gemüse gut bedecken. Die Pfanne kommt bei 180° C Umluft in den Ofen und bleibt dort für ca. 20 min., bis die Eier gestockt und leicht gebräunt sind. Mit Petersilie anrichten, mit Sumach bestreuen und mit Crème fraîche servieren.

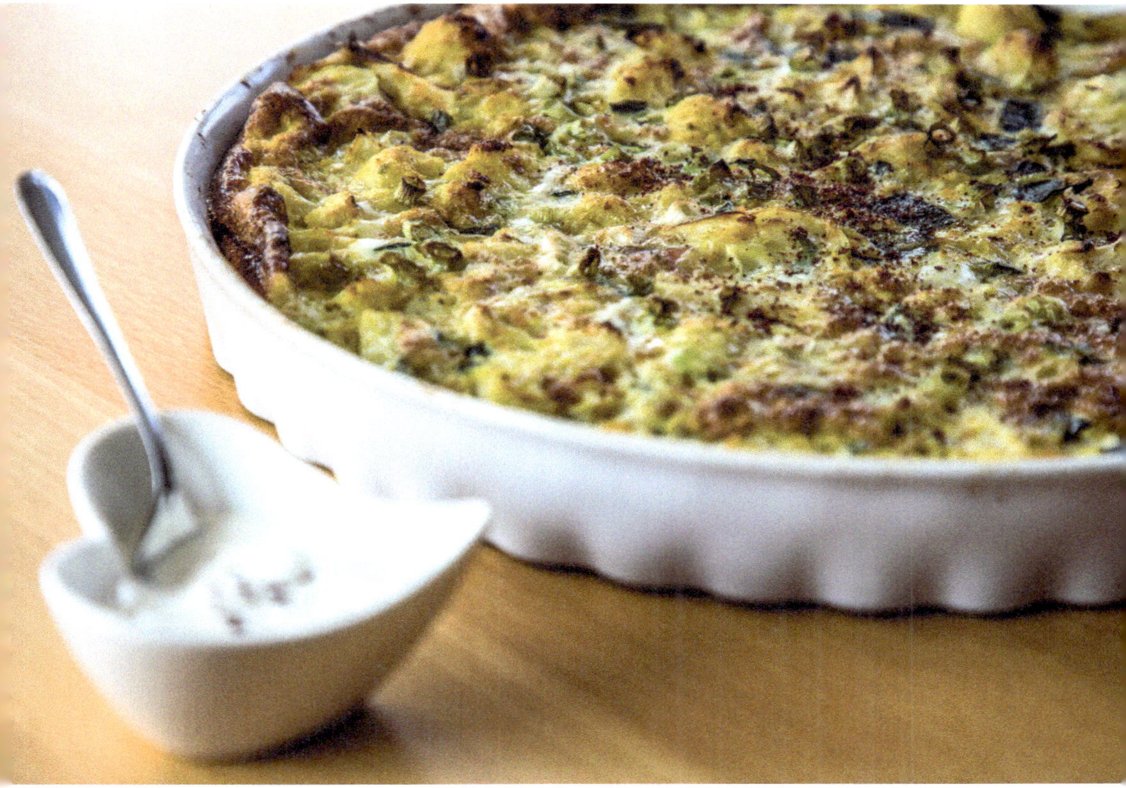

Nährwerte pro Portion
19 g Fett
12 g Kohlenhydrate
13 g Eiweiß

SPINATNOCKERL MIT SALBEI

Diese Variante der Spinatnockerl kommt ganz ohne Mehl aus und wird im Backofen gebacken.

Zutaten für 20 Stück

250 g	frischer Spinat (oder TK)
1	Zwiebel
2	Knoblauchzehen
	Ghee zum Anbraten
250 g	Ricotta
70 g	Parmesan (gerieben)
70 g	Parmesan (in Scheiben gehobelt)
1	Ei
1 EL	gemahlene Mandeln
1 EL	Flohsamenschalen
100 g	Butter
15-20	frische Salbeiblätter
1 Prise	Muskat
	Salz, Pfeffer

ZUBEREITUNG

Zwiebel und Knoblauch schälen und fein hacken. Beides in Ghee zusammen mit dem Spinat anbraten. Bei mittlerer Hitze dünsten, bis der Spinat weich ist. Danach alles etwas abkühlen lassen und mit einem Pürierstab zerkleinern. Spinat, Ei, Ricotta, geriebenen Parmesan, Mandeln, Flohsamenschalen und Ei in einer Schüssel gut verrühren. Mit Muskat, Salz und Pfeffer abschmecken. Mit einem Esslöffel Nockerl formen und auf ein Blech mit Backpapier setzen. Die Nockerl bei 180° C Umluft ca. 18 min. im Ofen fertig garen. In der Zwischenzeit die Salbeiblätter in der Butter anbraten. Die Nockerl mit der Salbeibutter und den Parmesanspänen anrichten.

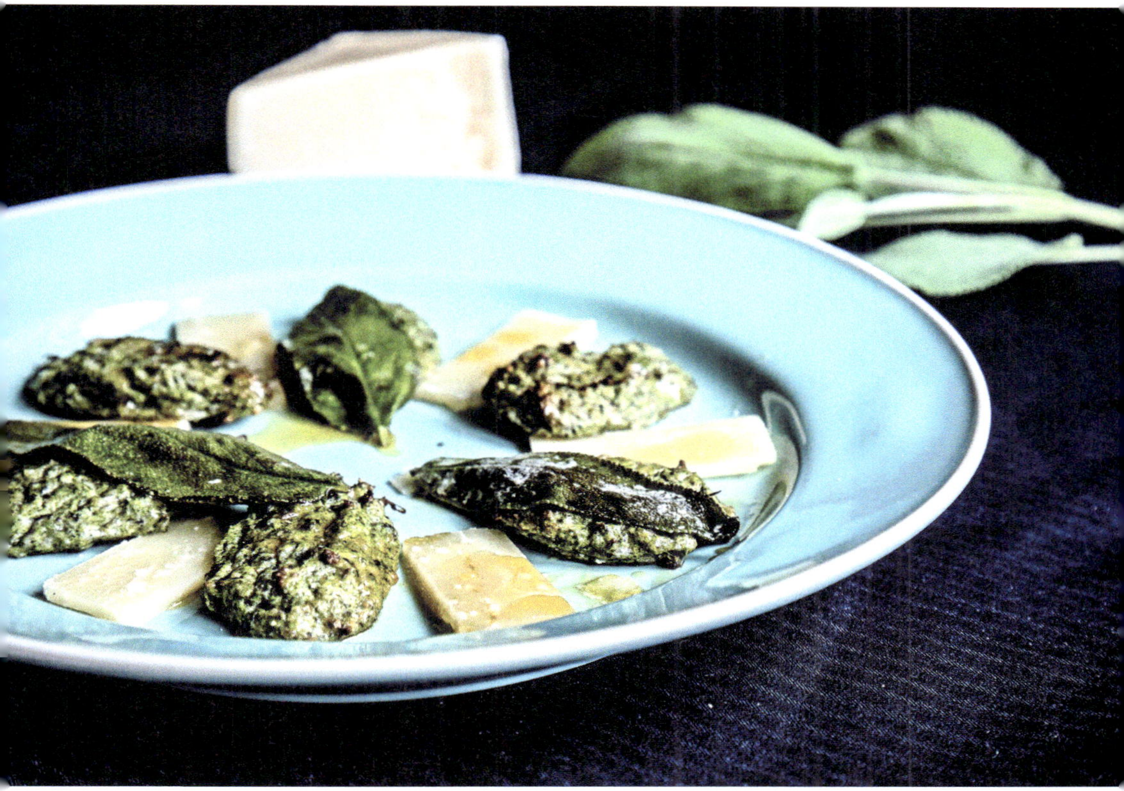

Nährwerte pro Portion

11 g Fett
2 g Kohlenhydrate
5 g Eiweiß

AUBERGINENPÜREE MIT FISCH

Das Auberginenpüree ist ein etwas anderes Gemüsepüree. Es erinnert an das israelische Baba Ganoush. Zum Püree passt nicht nur Fisch aus dem Ofen, sondern auch gebratene Pilze oder Fleisch.

Zutaten für 2 Portionen

1	große Aubergine
100 ml	Gemüsebrühe
30 g	Butter
20 g	Parmesan (gerieben)
	Ghee zum Braten
	Salz, Pfeffer
	Kurkuma
	Kreuzkümmel
	Muskat
4	kleine Forellenfilets, TK
2 EL	Olivenöl
	Petersilie oder Dill, TK
1	Zitrone, in Scheiben

ZUBEREITUNG

Die Aubergine waschen und in kleine Würfel schneiden. In Ghee (Butterschmalz) kurz anbraten und mit der Gemüsebrühe ablöschen. Alles etwa 15 min. köcheln lassen, bis die Aubergine weich ist. Zwischenzeitlich die gefrorenen Fischfilets kurz unter kaltem Wasser abspülen und in eine mit Olivenöl ausgepinselte Auflaufform legen. Den Fisch bei 180° C Umluft ca. 20 min. im Ofen garen. Die Auberginenwürfel mit dem Pürierstab pürieren, Butter und Parmesan unterrühren. Mit den Gewürzen abschmecken. Den gegarten Fisch mit Salz und Pfeffer würzen und zusammen mit den Kräutern, den Zitronenscheiben und dem Püree anrichten.

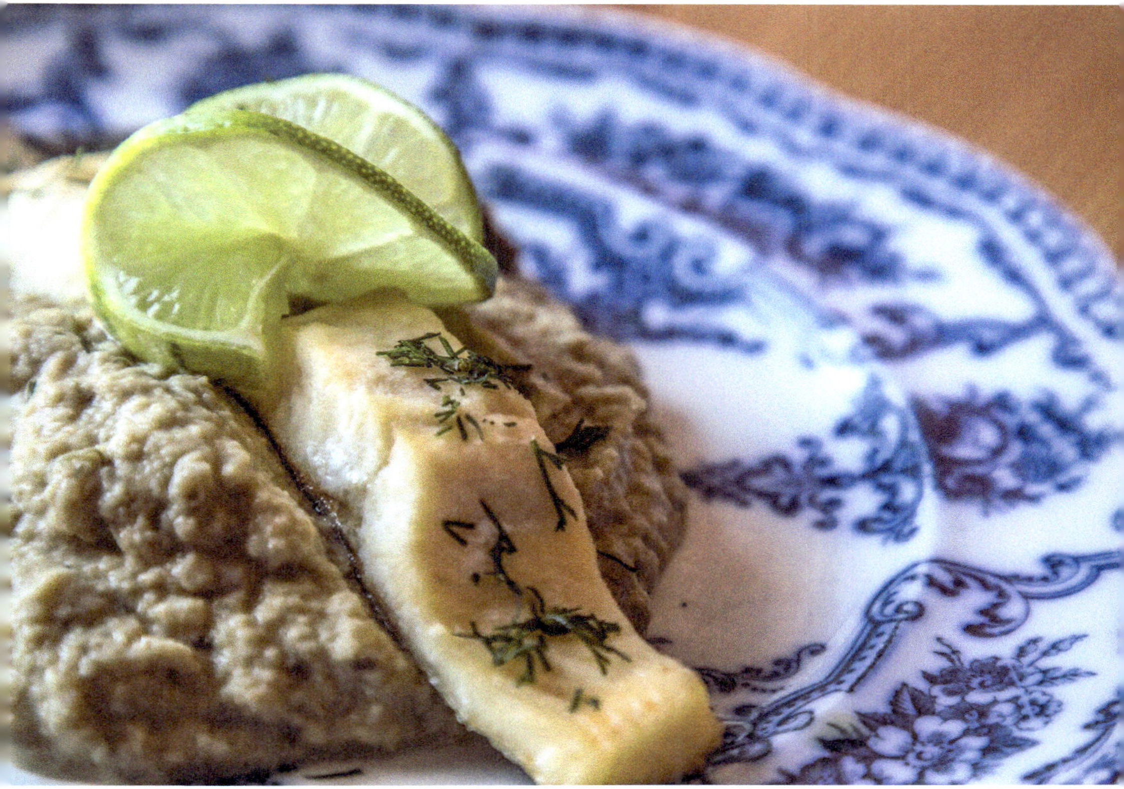

Nährwerte pro Portion:
20 g Fett
5 g Kohlenhydrate
30 g Eiweiß

STECKRÜBEN-SPAGHETTI

Die Steckrübe ist eigentlich nicht mein persönliches Lieblingsgemüse, aber in Form von Gemüsespaghetti und besonders in Kombination mit der süßlichen Maronensauce schmeckt sie köstlich.

Zutaten für 4 Portionen

2	Steckrüben	200 g	Sahne
	Ghee oder Kokosöl	200 ml	Wasser
1	Knoblauchzehe		Salz, Pfeffer
	Gemüsewürze		Chili
200 g	Maronen, vorgekocht		Salbei

ZUBEREITUNG

Die Steckrüben schälen und mit einem Spiralschneider in Spiralen bzw. mit einem Gemüsehobel in Streifen schneiden. Knoblauch schälen und in kleine Stückchen zerdrücken. Anschließend den Knoblauch in Ghee anbraten, die Steckrübenstreifen hinzugeben und alles ein paar Minuten andünsten. Mit Gemüsewürze abschmecken. Die Gemüsespaghetti sollten noch etwas Biss haben. Zwischenzeitlich die Maronen in dem Sahne-Wasser-Mix nach Packungsangabe weichkochen und mit einem Pürierstab pürieren. Mit Salz und Chili abschmecken. Mit Salbei servieren.

Nährwerte pro Portion

9 g Fett
6 g Kohlenhydrate
4 g Eiweiß

KAROTTENPÜREE & HACK

Die Hackfleischbällchen brutzeln im Ofen vor sich hin. Es entfällt das Anbraten, welches gern mal die Küche verräuchert. Und man hat die Hände frei, um das Püree vorzubereiten. Ideales Kinderessen!

Zutaten für 2 Portionen

400 g	Karotten
30 g	Butter
1	Zwiebel
	Ghee zum Anbraten
250 g	Bio-Rinderhackfleisch
1 EL	Tomatenmark
1 TL	Flohsamenschalen
1 TL	Senf
1	Ei
	Salz, Pfeffer
	Paprikapulver
	Thymian
	Petersilie

ZUBEREITUNG

Das Hack mit Ei, Senf und Tomatenmark vermengen. Mit Salz, Pfeffer, Paprika würzen. Die Flohsamenschalen unterkneten. Aus der Hackmasse kleine Bällchen formen und auf ein Blech mit Backpapier setzen. Bei 180° C Umluft ca. 25 min. garen, bis sie leicht gebräunt sind. Für das Püree die Karotten schälen und in Stücke schneiden, in Salzwasser weichkochen. Das Wasser abgießen, die Karotten stampfen oder mit einem Pürierstab pürieren. Die Butter dazu und mit Salz, Pfeffer und Thymian abschmecken. Zwiebel schälen, in halbe Ringe schneiden und in Ghee anbraten. Das Püree mit Bällchen, Zwiebel und Petersilie servieren.

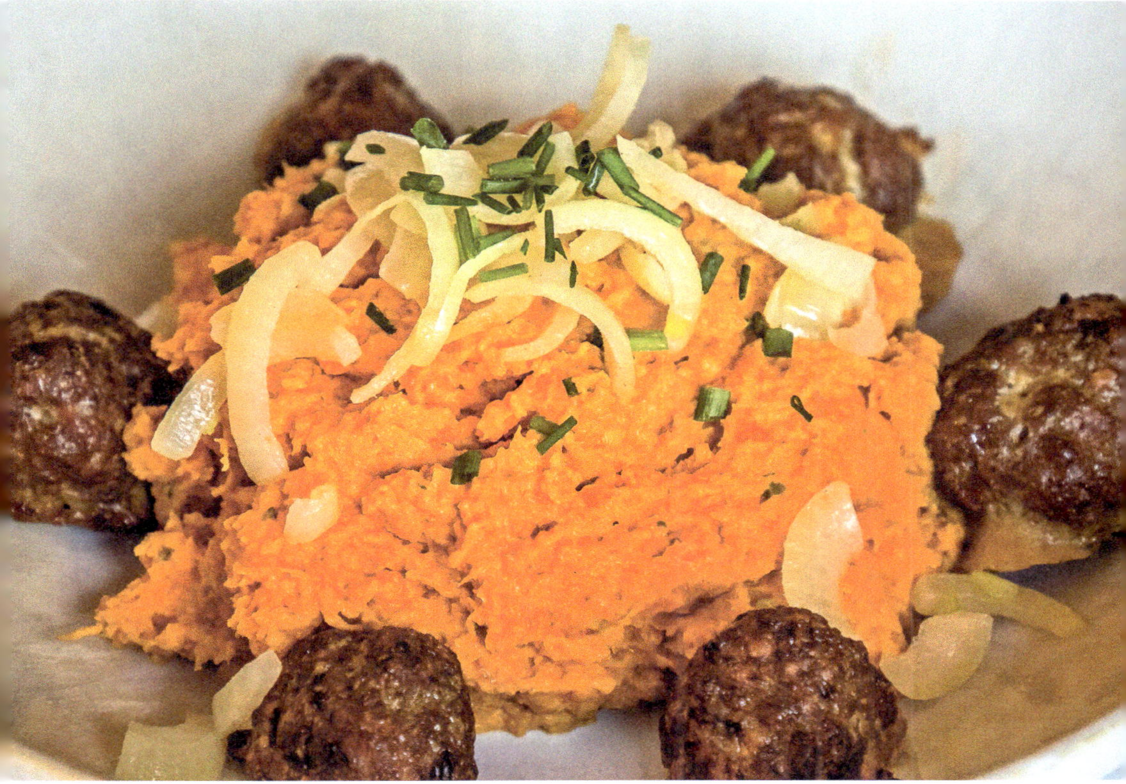

Nährwerte pro Portion
38 g Fett
14 g Kohlenhydrate
25 g Eiweiß

SAHNIGER FENCHEL MIT LACHS

Dieses Rezept ist schon länger eines meiner Ich-mach-mir-schnell-was-zum-Mittagessen-Favoriten, da es ruckzuck zubereitet ist und der Fenchel durch den Räucherlachs einen feinen Geschmack bekommt. Wer den herben Fenchelgeschmack nicht mag, kann den Fenchel ersetzen, z. B. durch Pak Choi oder Mangold.

Zutaten für 2 Portionen

3 - 4	frische Fenchelknollen	Ghee oder Kokosöl zum Anbraten
1	Zwiebel	Dill
200 g	Schmand	Zitronensaft
100 g	Räucherlachs	
	Gemüsebrühe	

ZUBEREITUNG

Den Fenchel der Länge nach halbieren, den Strunk herausschneiden, nochmals der Länge nach halbieren und in feine Scheiben schneiden. Etwas von dem Fenchelgrün aufbewahren. Die Zwiebel in Würfel schneiden. Den Fenchel mit den Zwiebelwürfeln in Ghee oder Kokosöl anbraten. Mit Gemüsebrühe ablöschen und weichdünsten. Kurz vor Ende den Schmand, Dill, das Fenchelgrün und Zitronensaft dazugeben. Vor dem Servieren wird der in Streifen geschnittene Räucherlachs auf dem Gemüse verteilt.

Nährwerte pro Portion

25 g Fett
8 g Kohlenhydrate
16 g Eiweiß

KOHLRABISTICKS MIT DIP

Eine leckere Alternative zu Pommes frites. Die Kohlrabisticks werden zwar nicht so knusprig, schmecken aber zusammen mit dem Sesam und dem Dip ebenso köstlich.

Zutaten für 2 Portionen

1	großer Kohlrabi
1 EL	Kokosöl
2 TL	Tahin (Sesammus)
1 EL	Sesamkörner
	Salz

Für den Mandeldip:

80 g	Mandeln, gemahlen
1 TL	Honig
1 EL	Apfelessig
3 EL	Olivenöl
1	Knoblauchzehe
	Salz, Pfeffer

ZUBEREITUNG

Kohlrabi schälen und in Stifte schneiden (ca. 1 cm Durchmesser). Das geschmolzene Kokosöl mit Tahin, Salz und den Sesamkörnern vermischen. Alles auf einem mit Backpapier ausgelegtem Blech verteilen. Im Ofen bei 180° C Umluft etwa 20 min. weichgaren. Für den Dip: Die gemahlenen Mandeln in einer Pfanne ohne Fett rösten. Vorsicht, brennt leicht an! Mit 150 ml Wasser ablöschen, mit Essig, Honig und Öl vermischen. Den gepressten Knoblauch dazugeben und mit Salz und Pfeffer abschmecken.

Nährwerte pro Portion

39 g Fett
11 g Kohlenhydrate
19 g Eiweiß

BROKKOLI AUF ROTE-BETE-HUMMUS

Bunt, nahrhaft und lecker! Der mit Zwiebeln angebratene Brokkoli wird mit einer Hummusvariante aus Roter Bete, Tahin und weißen Bohnen serviert.

Zutaten für 4 Portionen

1	mittlerer Brokkoli
3	rote Zwiebeln
20 g	Kokosöl

Für das Hummus:

1	mittlere Rote Bete, roh
3	Knoblauchzehen
1 Glas	weiße Bohnen (à 330 ml)
150 g	Tahin (Sesammus)
3 EL	Zitronensaft
1 TL	Salz
	kaltes Wasser
	Kurkuma
	Kreuzkümmel

Für das Topping:

150g	Naturjoghurt
100g	Walnüsse
	Schwarzer Sesam
	Olivenöl

ZUBEREITUNG

Knoblauch und Rote Bete schälen. Tahin, die abgetropften weißen Bohnen, Knoblauch und die in grobe Stücke geschnittene Rote Bete in ein hohes Rührgefäß geben. Das Ganze mit Zitronensaft und etwas kaltem Wasser zu einer homogenen Masse pürieren. Ist die Konsistenz zu fest, Wasser hinzufügen. Das Hummus mit den Gewürzen abschmecken. Die geschälten Zwiebeln in Achtel schneiden, Brokkoli waschen und in Röschen zerteilen. Beides in etwas Kokosöl bei mittlerer Hitze in der Pfanne anbraten, bis der Brokkoli gar, aber noch bissfest ist. Hummus auf vier Teller geben, Brokkoliröschen und Zwiebeln darauf verteilen. Mit dem Topping garnieren.

Nährwerte pro Portion

40 g Fett
25 g Kohlenhydrate
25 g Eiweiß

GEGRILLTE AVOCADO MIT MELONEN-SALSA

Die Avocado ist erfreulich vielseitig. Es gibt fast nichts, was man nicht mit ihr anstellen kann. Die gegrillte Version mit der erfrischenden Honigmelonen-Salsa passt wunderbar zu einem heißen Sommertag.

Zutaten für 2 Portionen

4 Avocados
Olivenöl
Salz, Pfeffer
1 kleine Honigmelone
4 Frühlingszwiebeln
Cayennepfeffer
Limettensaft
Basilikum

ZUBEREITUNG

Die Honigmelone von Schale und Kernen befreien und in kleine Würfel schneiden. Die gewaschenen Frühlingszwiebeln in feine Streifen schneiden. Das Basilikum ebenfalls kleinschneiden. Alles zusammen in einer Schüssel mit Olivenöl und Limettensaft vermischen. Mit Salz, Pfeffer und Cayennepfeffer abschmecken. Anschließend die Avocados halbieren, den Kern entfernen und mit etwas Olivenöl einpinseln. Mit der Schnittfläche nach unten auf dem Grill oder in einer Grillpfanne ca. 5 min. grillen. Die gegrillten Avocadohälften mit der Honigmelonen-Salsa füllen und servieren. Die Avocados schmecken kalt und warm.

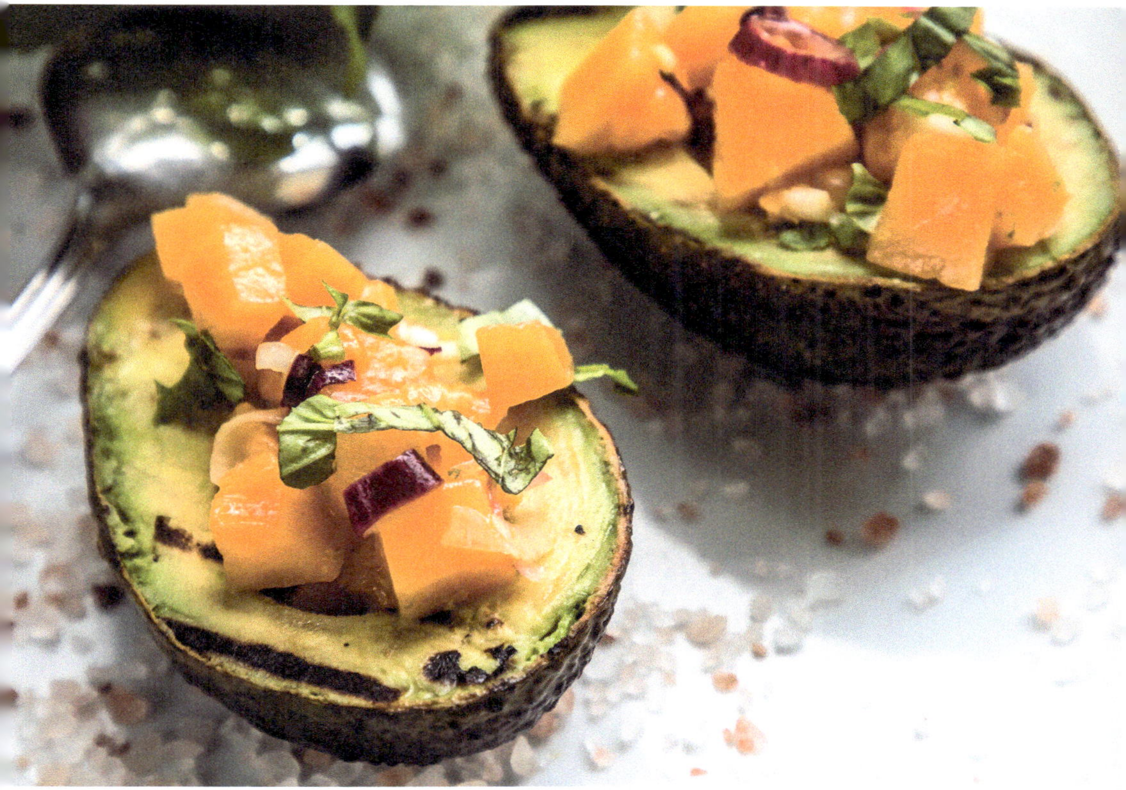

Nährwerte pro Portion
19 g Fett
14 g Kohlenhydrate
16 g Eiweiß

6 BASICS, DIPS, BROT

GEMÜSEWÜRZE

Das Rezept zählt ganz klar zu den Basics. Die Würze ist vielseitig einsetzbar und erleichtert die alltägliche Essenszubereitung enorm. Das Gemüse bleibt roh und wird mit Salz haltbar gemacht. Ich verwende die Gemüsewürze beim Braten, in Dressings, beim Kochen,… Also eigentlich überall dort, wo man gern eine Gemüsebrühe verwendet. Wer eine Alternative zur gekauften Brühe sucht, wird hier fündig.

Zutaten für mehrere Gläser

400 g Lauch
300 g Karotten
300 g Knollensellerie
200 g Petersilienwurzel
mehrere Stängel Petersilie
mehrere Zehen Knoblauch
200 g Salz

ZUBEREITUNG

Das gewaschene und geputzte Gemüse wird am besten in einem Standmixer zerkleinert. Die Konsistenz ist richtig, wenn sie fast musartig ist. Falls kein Standmixer zur Hand ist, kann auch ein Pürierstab zum Zerkleinern benutzt werden, das dauert aber etwas länger. Das fertig zerkleinerte Gemüse wird mit dem Salz vermengt und in saubere Einmachgläser gefüllt. Diese halten sich im Kühlschrank mehrere Wochen. Auf ein Kilo Gemüse 150g Salz geben.

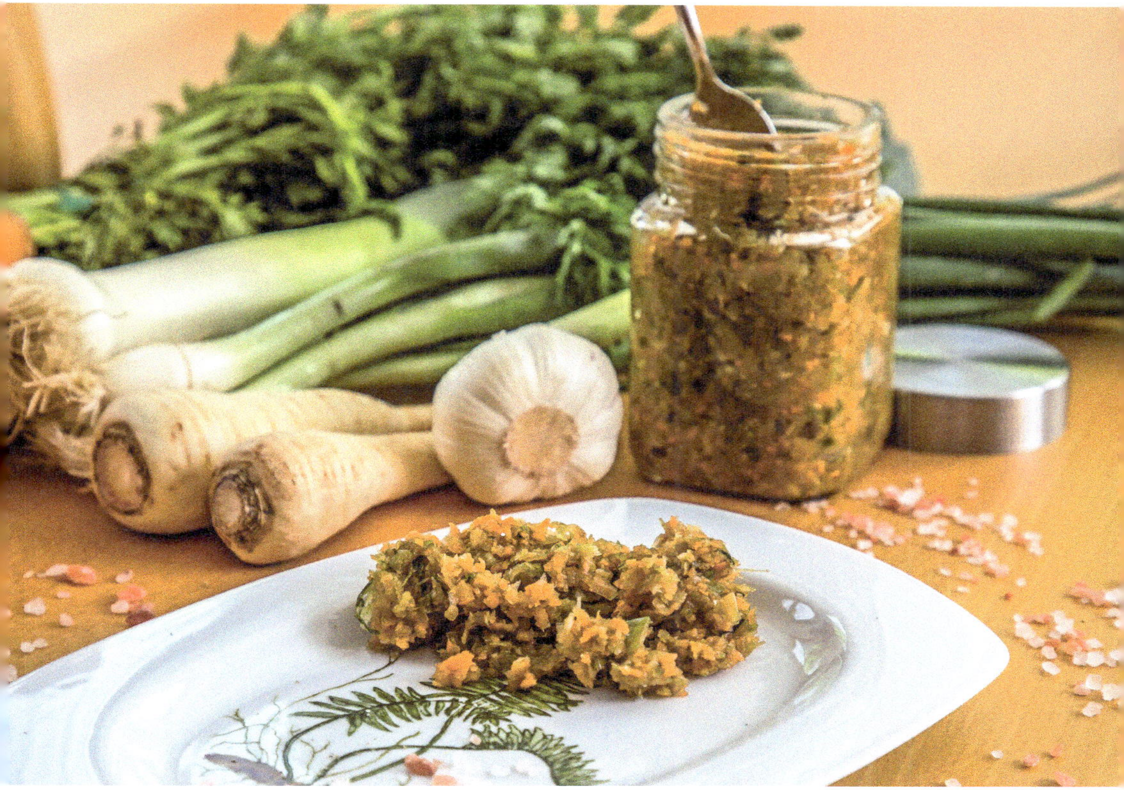

Ohne Nährwertangabe, da nur kleine Mengen verwendet werden!

KÖRNIGES KNÄCKEBROT

Das Körnerbrot erinnert in Aussehen und Konsistenz an Knäckebrot, schmeckt aber wesentlich aromatischer. Es besteht nur aus Samen, Körnern und Wasser. Zusammengehalten wird der Teig von den sogenannten Schleimstoffen der Leinsamen. Diese verschwinden beim Backen und zurück bleibt ein knuspriges und glutenfreies Brot.

Zutaten für 1,5 Bleche

175 g	Körnermischung (Salatmischung aus Sonnen-, Kürbis- und Pinienkernen)
40 g	Sesamsamen
120 g	geschrotete Leinsamen
300 ml	heißes Wasser
1 TL	Salz
	getrocknete Gewürze nach Geschmack
2 TL	Schwarzkümmel (optional)

ZUBEREITUNG

Alles in eine Schüssel geben. Mischung eine halbe Stunde quellen lassen. Backbleche mit Backpapier auslegen und die Masse darauf dünn ausstreichen. Dann das Ganze für 60 min. bei 140° C Umluft backen. Sobald die Masse eine ledrige Konsistenz hat, das Blech aus dem Ofen nehmen und mit einer Schere Scheiben zuschneiden. Das Papier bleibt dabei noch an der Masse haften. Die so zugeschnittenen Scheiben wieder auf das Backblech geben und 30 min. bei 90° C trocknen lassen. Jetzt das Backpapier entfernen. Luftdicht aufbewahren!

Nährwerte pro Portion

4 g Fett
1 g Kohlenhydrate
1 g Eiweiß

ROSMARIN-CRACKER

Die Cracker können gut vorbereitet werden und schmecken zwischendurch als Snack mit Dip wie z. B. Blumenkohl-Hummus. Die Mandeln versorgen uns mit guten Fettsäuren, Ballaststoffen, B- und E-Vitaminen und wichtigen Mineralien wie Magnesium, Kalzium, und Kupfer. Die Trockenfrüchte liefern uns zusätzlich reichlich Kalium.

Zutaten für 4 Portionen

250 g	gemahlene Mandeln
40 g	Trockenfrüchte nach Wahl (Feigen, Aprikosen, Sauerkirschen)
1 EL	Rosmarinnadeln
1	Ei
1 EL	Olivenöl
1 TL	Salz

ZUBEREITUNG

Die Trockenfrüchte und den Rosmarin kleinhacken und zusammen mit den restlichen Zutaten zu einem Teig verkneten. Den Teig zwischen zwei Backpapierblättern mit einem Nudelholz dünn ausrollen. Das obere Backpapier entfernen und die Teigplatte in ca. 20 Rechtecke schneiden. Im Ofen bei 180° C Umluft ca. 20 min. backen, bis sie leicht gebräunt sind.

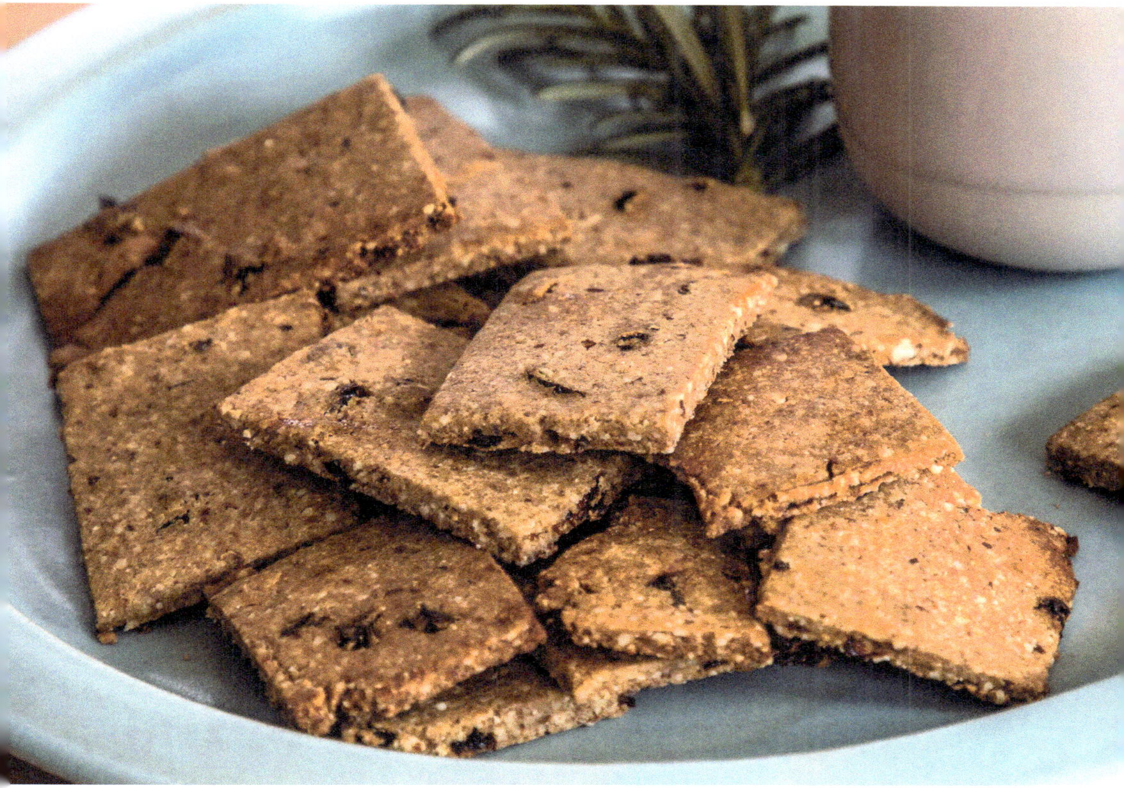

Nährwerte pro Portion
40 g Fett
16 g Kohlenhydrate
15 g Eiweiß

BLUMENKOHL-HUMMUS

Diese Hummus-Variante habe ich schon Freundinnen und Freunden als klassisches Hummus vorgesetzt. Es hat bisher niemand gemerkt, dass der Blumenkohl die Kichererbsen ersetzt hat. Ein klarer Fall von Gemüseversteck.

Zutaten für 4 Portionen

1	kleiner Blumenkohl
1 EL	Salz
3 EL	Tahin (Sesammus)
4 EL	Olivenöl
	Saft von einer Zitrone
	Salz, Pfeffer
1	Knoblauchzehe
	Kurkuma
	Kreuzkümmel
	Paprika

ZUBEREITUNG

Den Blumenkohl waschen und in kleine Röschen zerteilen. Zwischenzeitlich ca. 1 l Wasser zum Kochen bringen. Die Röschen mit 1 EL Salz in das kochende Wasser geben. Einige Minuten weichkochen. Das Wasser abgießen und den Blumenkohl etwas abkühlen lassen. Die Knoblauchzehe schälen, die Zitrone auspressen. Alle Zutaten in einem Standmixer oder mit dem Pürierstab zu einer feinen Masse mixen. Mit den Gewürzen abschmecken. Passt gut zu den Rosmarin-Crackern.

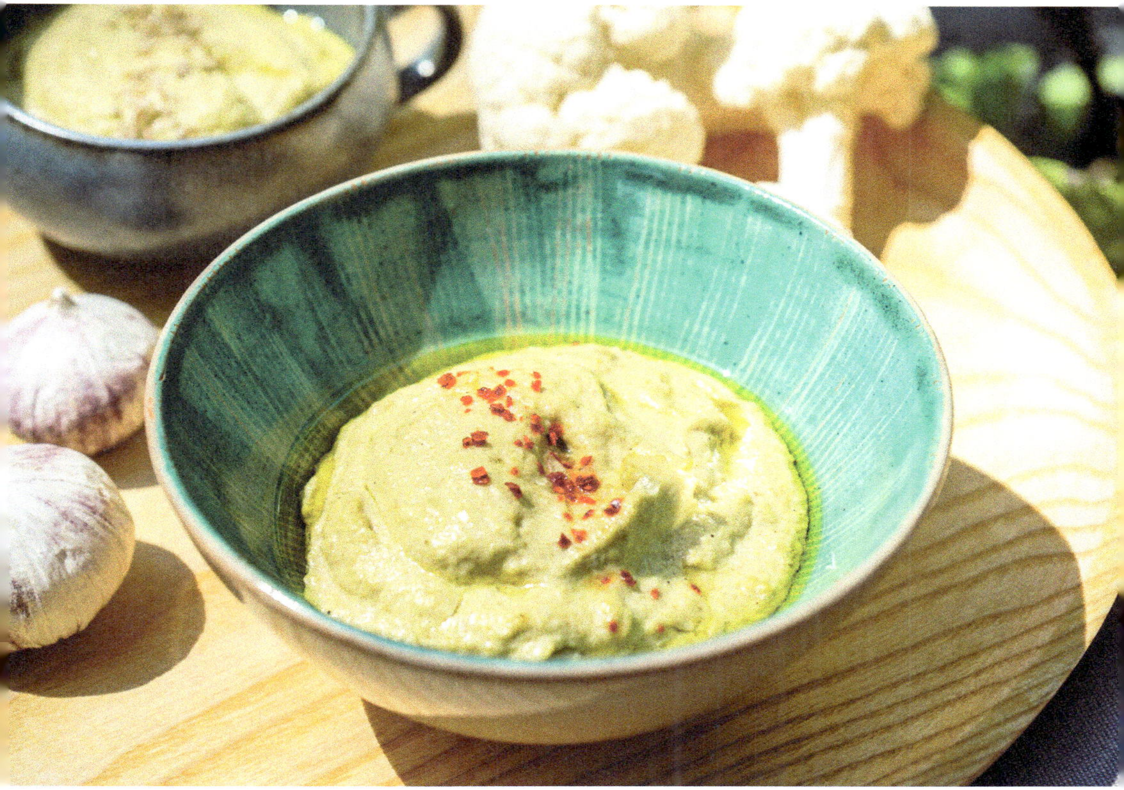

Nährwerte pro Portion

9 g Fett
3 g Kohlenhydrate
3 g Eiweiß

BUCHWEIZEN-NAANS

Auf der Suche nach einem schnellen Fladenbrot bin ich auf dieses Rezept gestoßen. Die Naans werden in der Pfanne gebraten und sind deshalb ruckzuck fertig. Gut dazu passt der Brokkoli-Erbsen-Dip, Knoblauchbutter oder Hummus. Mit Gewürzen wie etwa Schwarzkümmel kann das Brot geschmacklich variiert werden.

Zutaten für 12 kleine Naans

200 g	Naturjoghurt	½ TL	Salz
200 g	Buchweizenmehl	¼ TL	schwarzer Pfeffer
1 TL	Backpulver		Schwarzkümmel (optional)

ZUBEREITUNG

Alle Zutaten in eine große Schüssel geben und erst mit einem Löffel, dann mit der Hand zu einem glatten Teig verarbeiten. 3 min. auf einer bemehlten Arbeitsfläche kneten. Dann zu einem ca. 4 cm dicken Strang rollen und in zwölf gleichgroße Stücke schneiden. Diese zu Kugeln formen und anschließend zu Fladen ausziehen oder -rollen. Die Fladen in einer heißen Pfanne nacheinander 2 min. von jeder Seite backen, bis sie gebräunt und aufgegangen sind. Die Naan-Brote schmecken am besten, wenn sie warm sind. Sie lassen sich aber auch einfrieren und im Toaster auftauen.

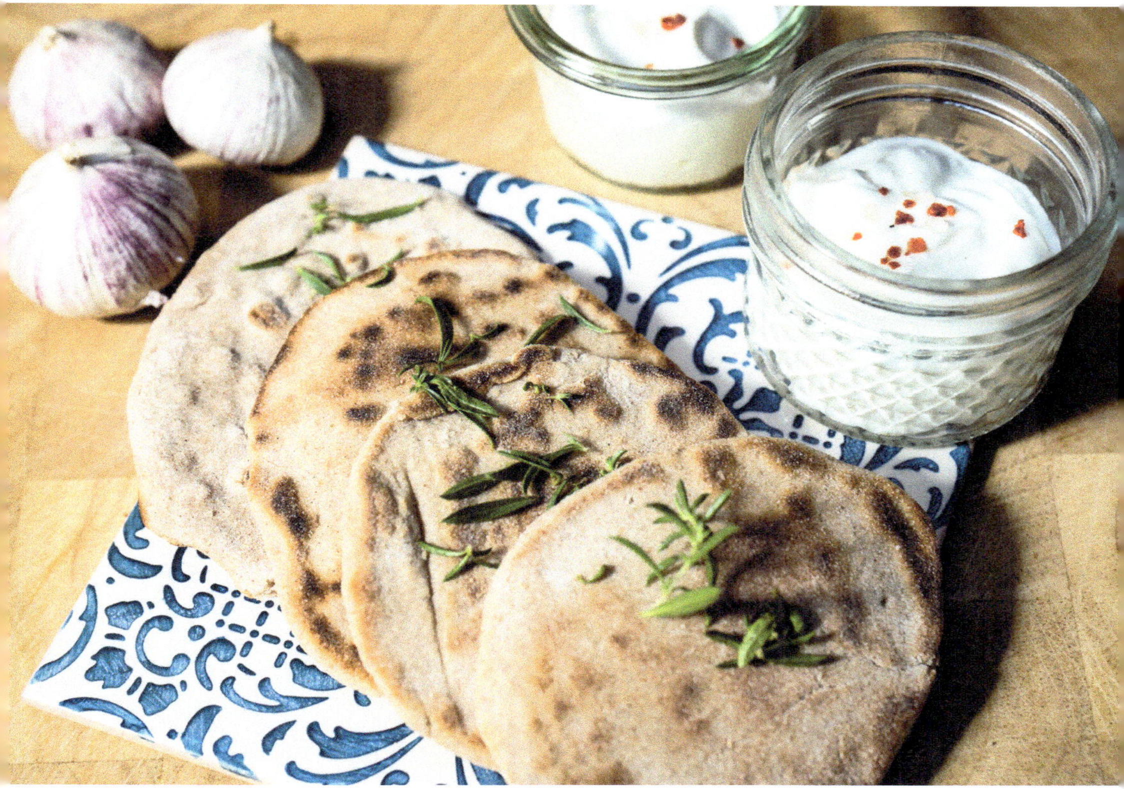

Nährwerte pro Naan

2 g Fett
12 g Kohlenhydrate
3 g Eiweiß

BROKKOLI-ERBSEN-DIP

Dieser Dip ist ein gutes „Versteck“ für Gemüse und schmeckt sehr gut zu den Buchweizen-Naans.

Zutaten für 4 Portionen

200 g Brokkoli
150 g TK-Erbsen
150 g Feta
1 Knoblauchzehe
2 EL Olivenöl
1 EL Zitronensaft
eine kleine Handvoll Minzblätter
Salz
Pfeffer

ZUBEREITUNG

Den in kleine Röschen geteilten Brokkoli mit etwas Wasser und dem geschälten Knoblauch in einem kleinen Topf mit Deckel bei mittlerer Hitze 4 min. knackig dünsten. Die Erbsen zugeben und 1 min. weiterkochen. Den Topf vom Herd nehmen und das Wasser abgießen. Das Gemüse in einen Mixer geben. Olivenöl, Feta, Zitronensaft und einen Großteil der Minzeblätter dazugeben. Alle Zutaten glattmixen und mit Salz und Pfeffer und gegebenenfalls mit Zitronensaft abschmecken. Falls die Masse zu fest ist, noch etwas Wasser hinzufügen. In eine Schale füllen und mit Olivenöl und Minze garnieren.

Nährwerte pro Portion
18 g Fett
4 g Kohlenhydrate
10 g Eiweiß

GEWÜRZMANDELN

Die Gewürzmandeln sind ein echtes Brainfood. Als hirngesunder Snack für zwischendurch oder als Mahlzeitenersatz, wenn vor lauter Calls keine Zeit zum Kochen bleibt. Die Currymischung, mit der sie gewürzt werden, enthält in der Regel unter anderem Bockshornklee, Koriander und Chili. Diese Gewürze steigern unser Gedächtnis und lassen uns konzentrierter arbeiten. Ebenso wie der Zimt, der zudem den Blutzucker senkt.

Zutaten für 8 Portionen

300 g Mandeln
1 TL Salz
1 EL Currypulver
1 TL Zimt
etwas Pfeffer
wenig Honig oder Apfeldicksaft

ZUBEREITUNG

Die Mandeln in einer Pfanne ohne Fett anrösten. Gewürze und etwas Honig dazugeben. Sind sie abgekühlt, kann man sie in einem luftdichten Glas ca. vier Wochen aufbewahren. Natürlich können auch andere Nüsse und andere Gewürzmischungen verwendet werden. Sehr fein schmecken z. B. Cashewkerne mit der arabischen Gewürzmischung Baharat.

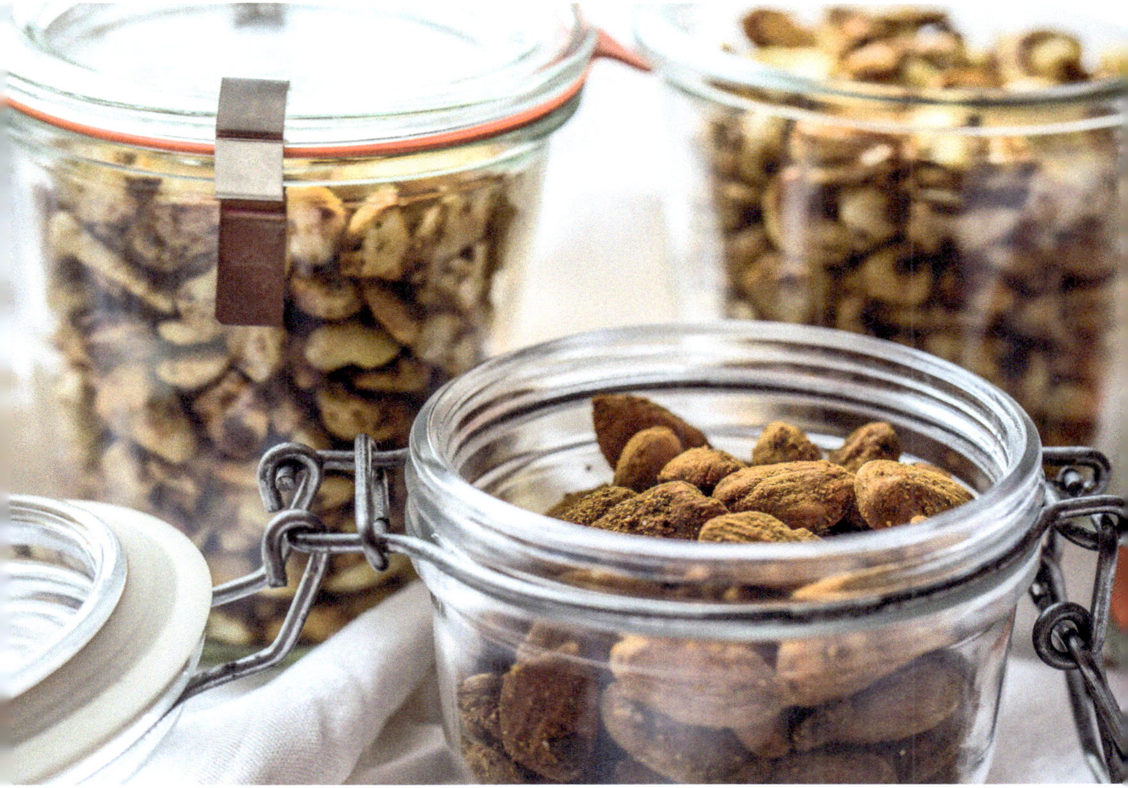

Nährwerte pro Portion

20 g Fett
4 g Kohlenhydrate
11 g Eiweiß

7 DESSERT

SCHOKOLADIGE AVOCADO-CRÈME

Ein tolles Dessert ohne Zucker. Es ist schnell gemacht und punktet durch seine Cremigkeit. Wer es nicht so gehaltvoll mag, nimmt statt der Mascarpone einen Naturjoghurt, der neben Gutes für den Darm auch eine leichte Säure liefert. Beides kann natürlich weggelassen werden, dann ist die Crème auch für Veganer geeignet. Wer kein Bananenfan ist, kann auch Apfelmus nehmen.

Zutaten für 4 Portionen

1	Avocado
1	reife Banane
3 EL	Kakaopulver
	Vanille, gemahlen
100 g	Mascarpone oder Joghurt
	Kakaonibs
	(TK-) Beeren

ZUBEREITUNG

Die Avocado schälen und den Kern entfernen. Mit der Banane im Mixer oder mit dem Pürierstab pürieren. Kakaopulver und Mascarpone dazu, mit Vanille abschmecken. Zum Servieren in Schälchen füllen und mit Johannisbeeren und Kakaonibs anrichten.

Nährwerte pro Portion

17 g Fett
6 g Kohlenhydrate
3 g Eiweiß

MANGO-CRÈME

Zu diesem Dessert inspirierte mich unser indisches Lieblingsrestaurant. Dort gibt es eine sehr leckere Mango-Crème aufs Haus. Wenn man TK-Mango verwendet, lässt sich die Crème noch schneller zubereiten. Wer nicht so viel Fett verträgt oder wem die Sahne zu heftig ist, kann stattdessen Joghurt oder Quark verwenden.

Zutaten für 4 Portionen

- 2 reife Mangos oder 300 g TK-Mangostücke
- 200 g Bio-Schlagsahne
- Pistazien oder Beeren als Deko

ZUBEREITUNG

Die Mangos schälen und das Fruchtfleisch vom Kern schneiden. Dieses mit dem Pürierstab zu Mus verarbeiten. Falls TK-Mangostücke genommen werden, diese etwas antauen lassen und ebenfalls pürieren. Die Sahne steif schlagen und unterheben. Mit Pistazien oder Beeren anrichten und servieren.

Nährwerte pro Portion

8 g Fett
10 g Kohlenhydrate
1 g Eiweiß

KOKOS-PANCAKES MIT BEEREN

Glutenfreie Pancakes sind ein schwieriges Thema, denn ohne Gluten fehlt den Pfannkuchen Klebstoff und sie zerfallen leicht. Macht man diese schön dünn und nicht zu groß, lassen sie sich wunderbar wenden.

Zutaten für 2 Portionen

- 3 Eier
- 80 g Sahne
- 25 g Kokosmehl
- Kokosöl zum Braten
- 100 g griechischer Joghurt
- 300 g Beerenmischung (TK)

ZUBEREITUNG

Alle Zutaten mit dem Stabmixer kräftig aufschäumen. Das Kokosöl in einer Pfanne erhitzen und den Teig in das heiße Fett gießen. Die Pfannkuchen von beiden Seiten goldbraun braten. Die Pancakes kann man, wie hier, süß mit Joghurt und Beeren essen, aber auch herzhaft belegt mit Avocado und Käse genießen.

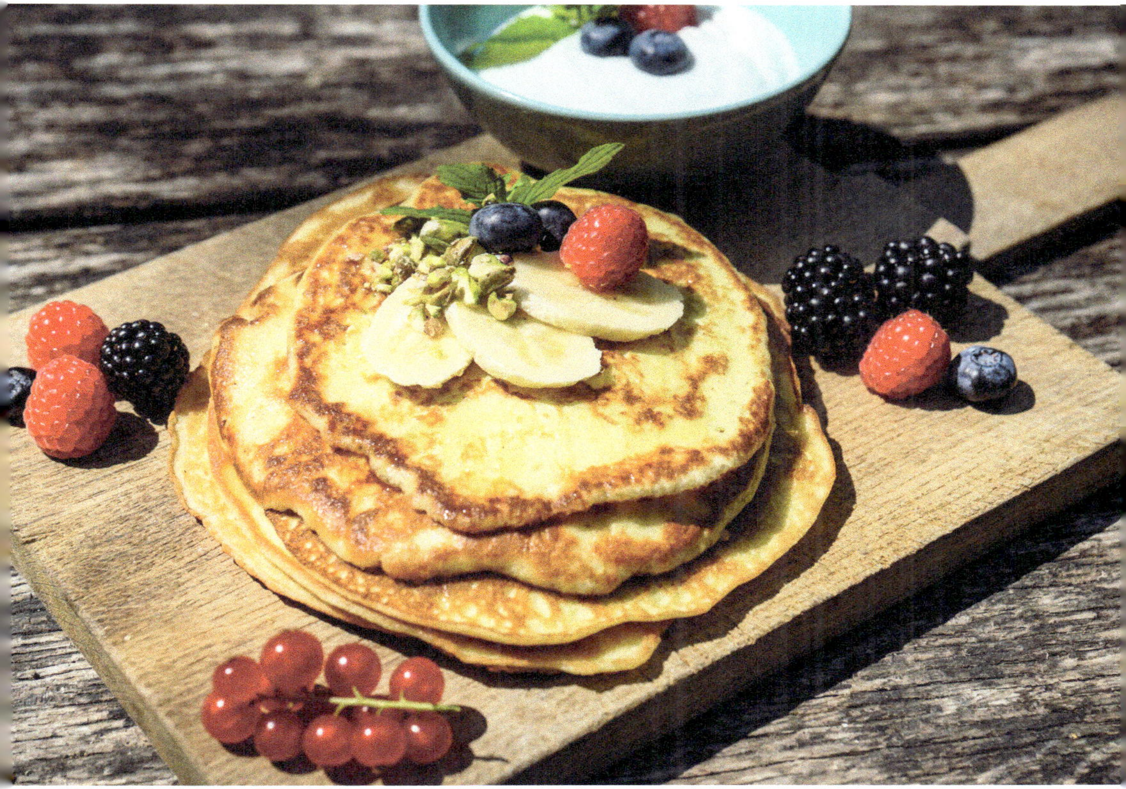

Nährwerte pro Portion
31 g Fett
23 g Kohlenhydrate
16 g Eiweiß

PAPAYA MIT MASCARPONE

Papaya aus dem Ofen mit Mascarpone und Beeren. Das Dessert kann warm und kalt gegessen werden.

Zutaten für 4 Portionen

2	Papayas
200 g	Mascarpone
1	Bio-Limette
2	TL Honig
	(TK-) Beeren

ZUBEREITUNG

Die Papayas halbieren, mit einem Löffel die Kerne herauskratzen. Diese können aufgehoben und für andere Papaya-Gerichte (vgl. Papaya mit Mozzarella oder Papaya-Carpaccio) verwendet werden. Die Hälften schälen. Die Limette gründlich waschen. Die Mascarpone mit der geriebenen Limettenschale, dem Limettensaft und Honig verrühren. Die Papayahälften in eine ofenfeste Form geben und bei 180° C Umluft ca. 20 min. im Ofen garen. Kurz vor Ende der Garzeit die Himbeeren auf die Papayahälften verteilen.

Nährwerte pro Portion
21 g Fett
13 g Kohlenhydrate
3 g Eiweiß

BRATAPFEL MIT VANILLE-DIP

Der Bratapfel wird mit Nüssen und Trockenpflaumen gefüllt und mit einem Vanille-Dip serviert. Ein Dessert-Klassiker ganz nach meinem Geschmack, denn gesüßt wird nur mit Obst.

Zutaten für 4 Portionen

4	Äpfel
40 g	Walnüsse
2 EL	Ghee oder Kokosöl
40 g	Mandeln, gemahlen
2 TL	Zimt
40 g	Trockenpflaumen

Für den Vanille-Dip

1 Dose	Kokosmilch (400 ml)
2	reife Bananen
½ TL	Vanille, gemahlen
2 TL	Kokosmehl

ZUBEREITUNG

Die gewaschenen Äpfel mit einem Apfelausstecher oder Messer vom Kerngehäuse befreien. Dabei einen Boden stehenlassen. Walnüsse hacken, Pflaumen kleinschneiden, Ghee schmelzen. Alles zusammen mit den gemahlenen Mandeln verrühren, mit Zimt abschmecken. Die Äpfel füllen und für 30 min. bei 160° C Umluft im Ofen backen. Zwischenzeitlich für den Dip Bananen zerdrücken und diese zusammen mit der Kokosmilch, dem Kokosmehl und der Vanille mit einem Handrührgerät cremig rühren. Äpfel noch warm mit dem Dip servieren.

Tipp: Werden die Äpfel am Rand eingeritzt, brechen sie nicht auseinander.

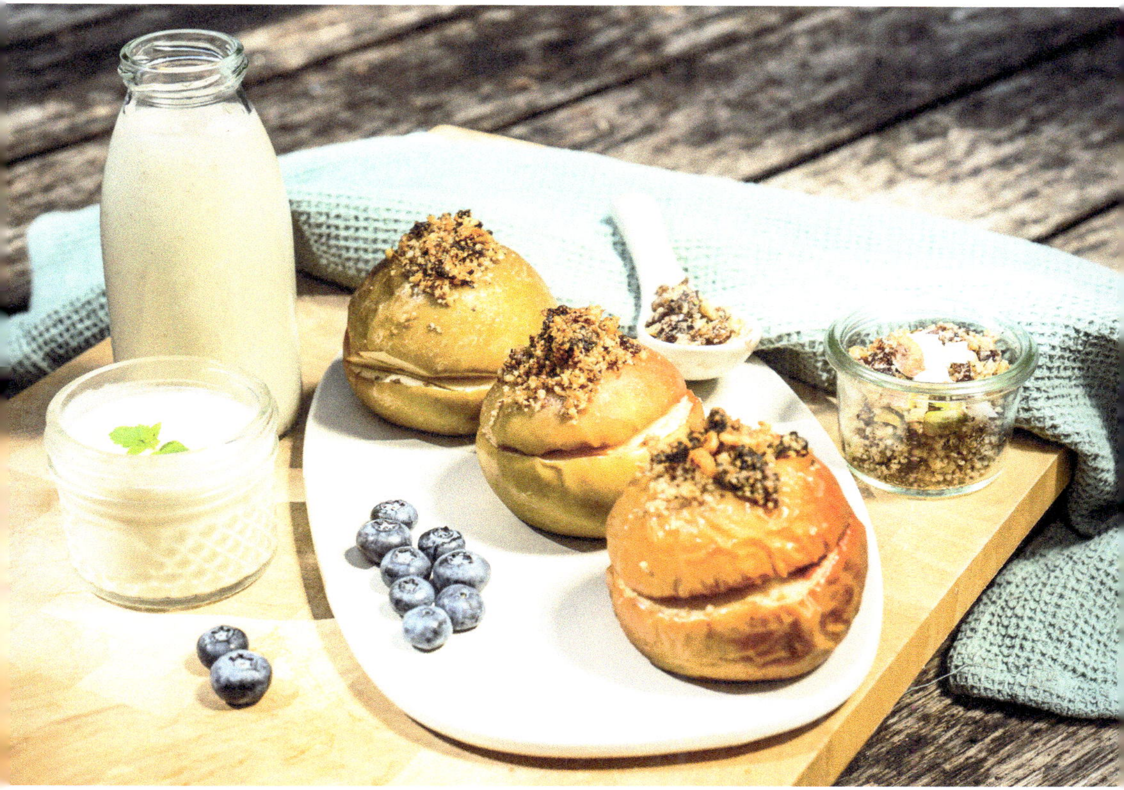

Nährwerte pro Portion
41 g Fett
26 g Kohlenhydrate
8 g Eiweiß

8 SÜSSE IDEEN

KERNIGE SCHOKOCROSSIES

Gesund kann auch lecker sein. Fast ohne Zucker und mit antientzündlicher Wirkung: statt der üblichen Cornflakes enthalten diese Crossies Kerne und Samen. Ich liebe sie auch etwas herber - mit Salz oder Pfeffer.

Zutaten für ca. 24 Stück

100 g	dunkle Schokolade (ab 70%)
20 g	Kokosöl
75 g	Kürbiskerne
35 g	Sesam
20 g	Kakaonibs
	(optional) Salz, rosa Pfefferbeeren, Zimt

ZUBEREITUNG

Die Schokolade zusammen mit dem Kokosöl im Wasserbad schmelzen. Kürbiskerne und Sesam ohne Fett anrösten und etwas abkühlen lassen. Die Kernmischung in die geschmolzene Schokoladenmasse einrühren. Kakaonibs dazu. Alles in Papierförmchen füllen und nach Belieben dekorieren, z. B. mit rosa Pfefferbeeren, rotem Blütensalz oder Sumach. Bei der Wahl der Kerne und der Dekoration könnt ihr euch austoben.

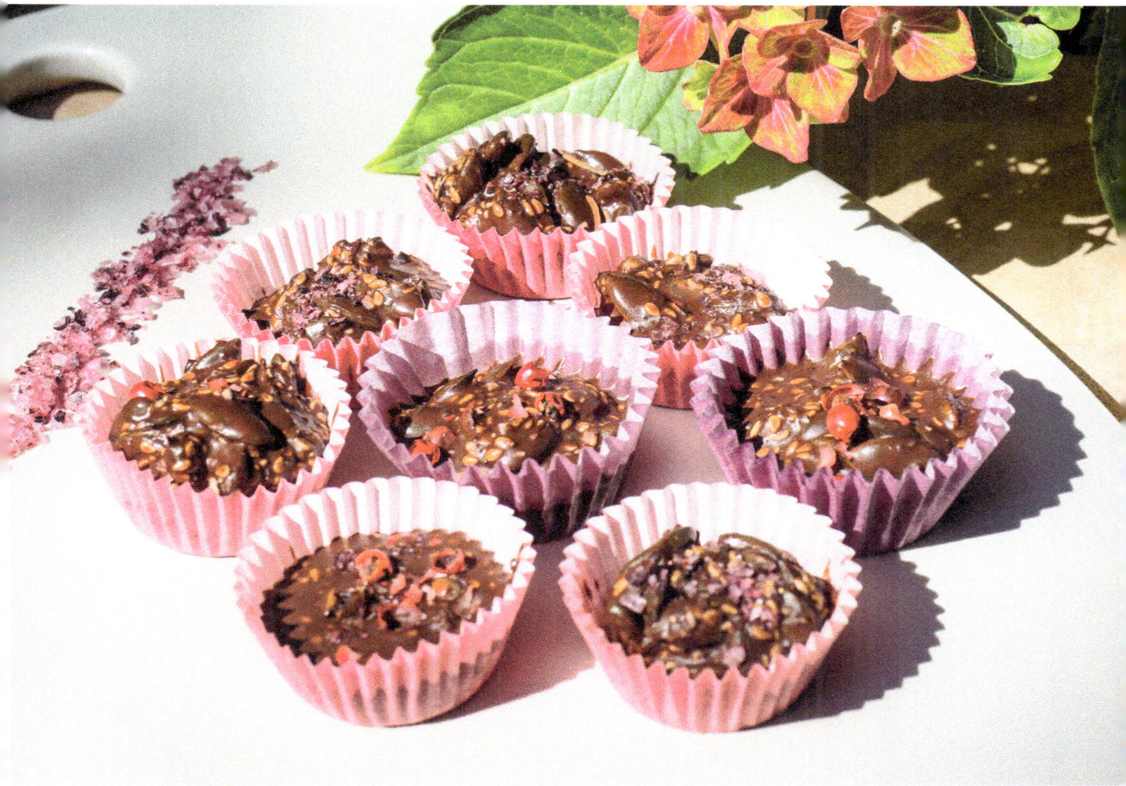

Nährwerte pro Stück

7 g Fett
2 g Kohlenhydrate
3 g Eiweiß

BANANE MIT SCHOKO

Dieses hier ist kein wirkliches Rezept. Aber Obst zusammen mit Schokolade ist einfach sehr lecker, schnell und einfach zubereitet und auch für (große) Kinder sehr fein. Besonders gut eignen sich Bananen, Orangen, Birnen, Beeren und Äpfel.

Zutaten für 2 Portionen

1 große Banane

20 g dunkle Schokolade (70% Kakaogehalt)

ZUBEREITUNG

Die Banane schälen und die Schokolade im Wasserbad schmelzen. Obst mit Schokolade beträufeln oder dippen. Je dunkler die Schokolade, desto weniger Zucker und mehr gesunden Kakao enthält sie.

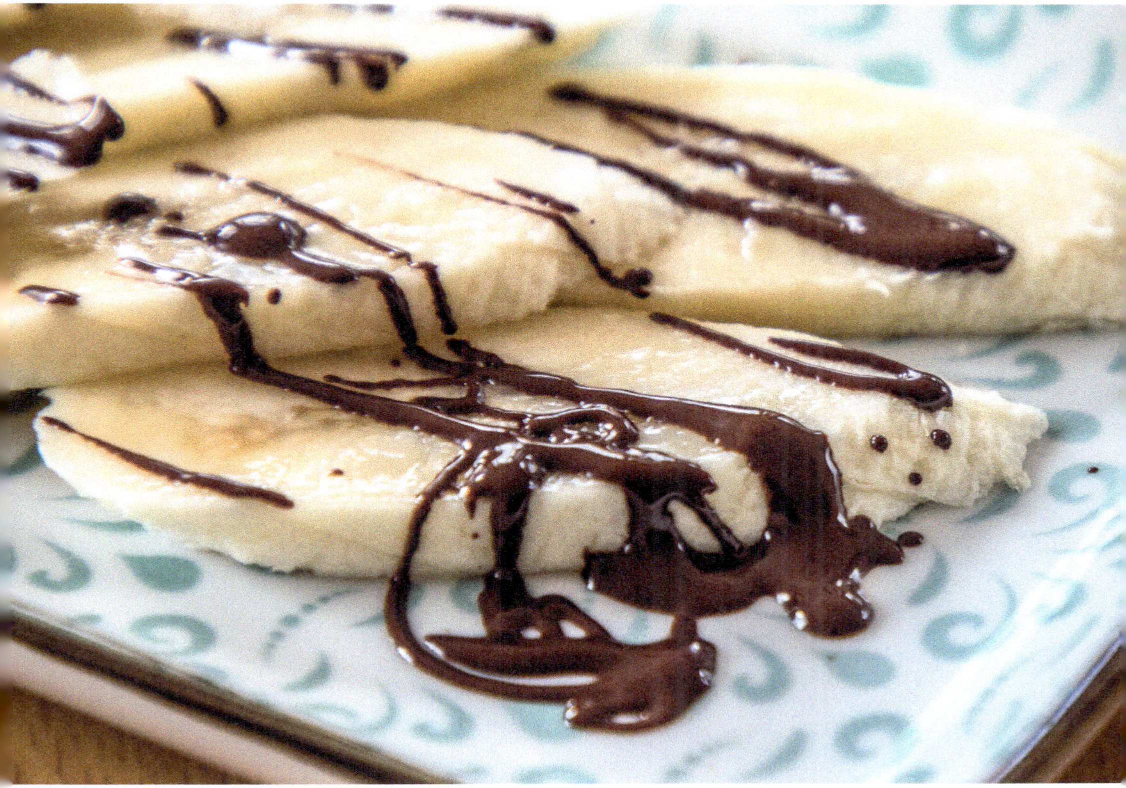

Nährwerte pro Portion

5 g Fett
23 g Kohlenhydrate
2 g Eiweiß

APFEL MIT MANDELMUS

Auch das ist kein wirkliches Rezept. Aber die Kombination Apfel mit Mandelmus ist sehr lecker als schnelle Nachspeise oder als Snack zwischendurch.

Zutaten für 2 Portionen

2 Äpfel, am besten bio
40 g Mandelmus

ZUBEREITUNG

Die Äpfel waschen und mit einem Kernausstecher das Kerngehäuse entfernen und in Scheiben schneiden. Die Scheiben mit Mandelmus bestreichen. Oder einfach den Apfel vierteln und die Stücke mit Mus bestreichen.

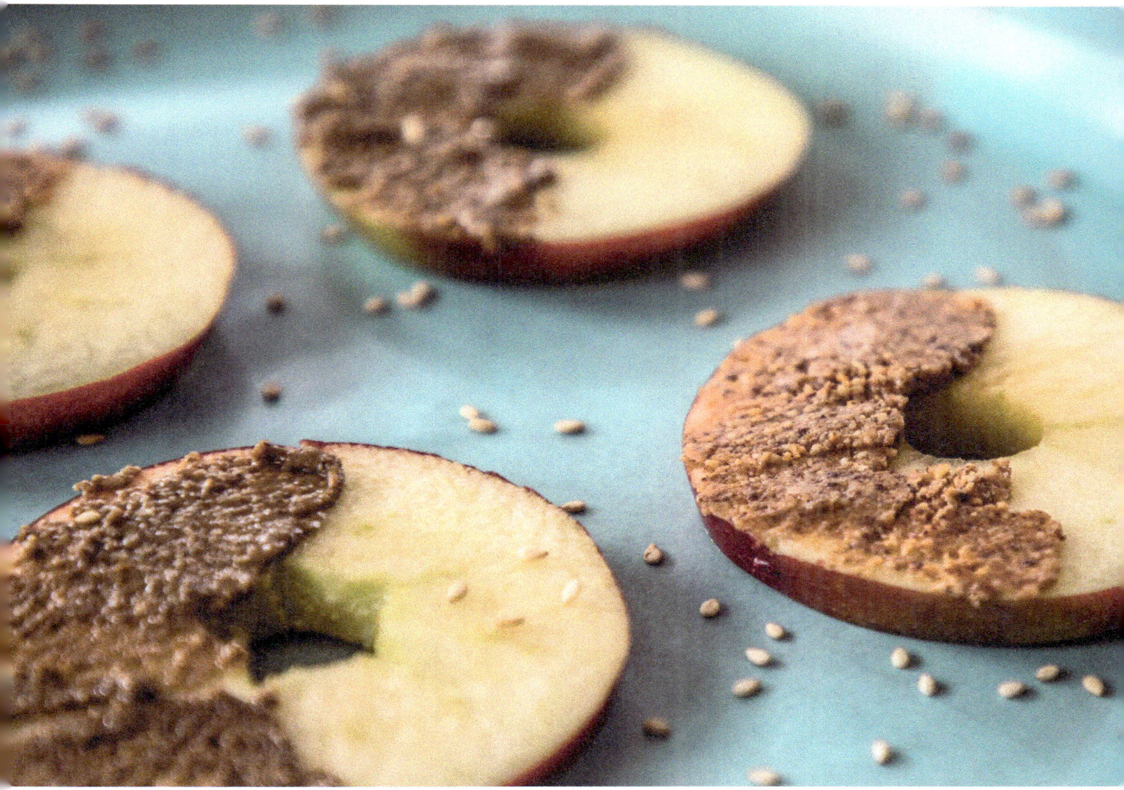

Nährwerte pro Portion

12 g Fett
15 g Kohlenhydrate
5 g Eiweiß

REGISTER (NACH ZUTATEN)

L

M

O

P

Q

IMPRESSUM

Die vorliegende Neuausgabe basiert zu weiten Teilen auf der im selben Verlag erschienenen Ausgabe von Anne Goldhammer-Michl, Schnelle Rezepte fürs Home-Office, München 2021. Sie wurde überarbeitet, ergänzt und erweitert.

Rezepte und Text: Anne Goldhammer-Michl, avocadooo® Ernährung – Beratung, www.avocadooo.de, hallo@avocadoo.de

Alle Rezeptfotos von Elisabeth Fritsch
mit folgenden Ausnahmen: S. 21, 31, 95, 97, 109, 113, 114f., 117 von Sophie Schillo;
Portraitfotos: Kitty Fried
Gestaltung: Sophie Schillo
icons: Gestaltung basierend auf flaticon.com
Druck und Bindung: booksfactory.de (PRINT GROUP Sp. z o.o.)
Printed in Europe

Erste Auflage 2022

Schillo Verlag
Orleansstr. 43
81667 München
www.schillo-verlag.de

Die Deutsche Nationalbibliothek verzeichnet diese Publikation in der Deutschen Nationalbibliografie; detaillierte bibliografische Daten sind im Internet über http://dnb.d-nb.de abrufbar.

ISBN: 978-3-944716-56-5